AF297747

LIVRE VERT

Par J. ROUQUETTE

Prêtre du diocèse de Montpellier

CHEZ L'AUTEUR

MONTPELLIER

18, rue Ferdinand-Fabre

1923

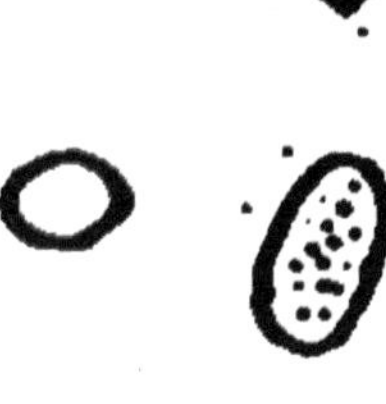

FIN D'UNE SERIE DE DOCUMENTS
EN COULEUR

CARTULAIRE DE L'ÉGLISE DE LODÈVE

LIVRE VERT

CARTULAIRE DE L'ÉGLISE DE LODÈVE

LIVRE VERT

Par J. ROUQUETTE
Prêtre du diocèse de Montpellier

CHEZ L'AUTEUR
MONTPELLIER
18, rue Ferdinand-Fabre
1923

PREFACE

La publication de l'*Inventaire de Briçonnet* entre dans le plan que nous nous sommes tracé, il y a plus de quinze ans: publier les Cartulaires de nos anciens évêchés. Au moment où nous écrivons ces lignes, trois gros volumes du *Cartulaire de Maguelone* sont publiés; celui de Béziers est en bonne voie. Si aujourd'hui nous commençons celui de Lodève, ce sont les circonstances qui nous y ont encouragé.

Tout le Lodévois a commencé à célébrer le millénaire de saint Fulcran, ce grand évêque qui a paru à une époque, qu'on a appelée l'âge de fer, nous ne savons pourquoi, et qui a marqué son diocèse d'une empreinte ineffaçable. Nous avons voulu à notre tour nous associer à toutes ces fêtes, en apportant notre petite pierre au grand monument qui sera érigé à l'incomparable évêque de Lodève.

Certes le manuscrit que nous publions, présente par lui-même le plus grand intérêt archéologique et historique: mais il se recommande surtout à nous parce qu'il nous rappelle un autre grand évêque de Lodève, Bernard Gui, dont Léopold Delisle (*Notice sur les manuscrits de Bernard Gui*) a marqué l'importance au moyen-âge. Il est regrettable certes que l'œuvre historique lodévoise du célèbre inquisiteur ne nous soit pas parvenue, telle qu'elle sortit de ses mains. Nous n'avons plus qu'un résumé, fait par Guillaume Briçonnet en 1498, et pour ce motif il est désigné sous le nom d'*Inventaire de Briçonnet*, déposé aux Archives Départementales de l'Hérault, qui possèdent encore deux copies du XVIIe siècle, parfois fautives.

On sait comment fut trouvé ce manuscrit: il fut signalé pour la première fois par Melle L. Guiraud qui le mit à profit pour l'*Histoire de la Ville de Lodève* par M. H. Martin; au T. II p. 398, elle l'a décrit longuement.

C'est donc l'œuvre de deux évêques de Lodève, Bernard Gui (1324-1331) et Guillaume Briçonnet (1489-1519), que nous commençons aujourd'hui; mais un troisième évêque, Plantavit de la Pause (1625-1648) vient encore ajouter un intérêt nouveau à ce manuscrit; il lui a servi en effet pour composer sa *Chronologia*, et il a eu soin parfois de l'annoter.

On sait qu'elle a été la fortune de ce livre, qui a exercé une influence néfaste sur l'histoire de cette vénérable Église de Lodève. Nous avons dit ailleurs ce que nous pensions de la valeur historique de cet ouvrage; nous jugeons inutile d'y revenir; voir la préface de nos *Annales de Lodève*. Nous apportons aujourd'hui la preuve de notre jugement. Nous avons eu soin. en effet, de marquer toujours les notes ajoutées par Plantavit au manuscrit, et nous n'y manquerons pas pour les autres fascicules.

Plantavit a confondu en effet les diverses sources de l'histoire de son diocèse. — par exemple la Nomenclature avec le Catalogus, — il a ajouté des dates, des noms d'évêques etc., et de la sorte a réussi à dérouter les critiques comme Mgr Duchesne (*Fastes épiscopaux de l'ancienne Gaule* T. I, p. 313). Si nous pouvions obtenir la revision de quelques jugements, prononcés par certains critiques qui ne connaissent que l'œuvre de Plantavit, nous serions assez récompensé.

Nous n'en dirons pas davantage sur ce manuscrit, laissant à notre excellent confrère, M. l'abbé Guichard, le soin de le présenter au public, et surtout d'identifier églises, mas et ténements, car personne ne connaît mieux que lui la géographie du Lodévois,

Notre rôle est plus modeste, donner un texte aussi exact que possible, et il faut reconnaître que parfois ce n'est pas facile. L'*Inventaire de Briçonnet* présente des difficultés de lecture peu communes: le meilleur paléographe peut s'y laisser prendre. Voir p. 42. Il est incontestablement le plus difficile que nous ayons eu à déchiffrer depuis vingt ans.

Que les souscripteurs déjà assez nombreux aux *Cartulaires de Béziers* et *de Lodève*, n'oublient pas l'œuvre capitale de notre vie: le *Cartulaire de Maguelone*. Publier les Cartulaires des autres diocèses est pour nous un délassement que nous nous accordons de temps à autre pour nous sortir des gros in-folio, que nous ont transmis les évèques de Maguelone. Cette œuvre, nous tenons à l'achever dans le moins de temps possible, mettant à profit les loisirs que l'administration diocésaine a bien voulu nous créer.

Encore un mot. Nous sommes de ceux qui pensent que la critique doit s'exercer sur un livre: c'est un droit qu'on achète en se procurant le volume. Cependant nous demandons un peu d'indulgence pour la disposition typographique. Que les critiques n'oublient pas que nous composons nous-même et qu'il est pénible pour un auteur de *lever* des lettres comme un simple ouvrier.

LIVRE VERT

(fol. 37 r°) — Summarium contentorum in libris repositis in archivis aule episcopalis Lodovensis.

ACTES AJOUTÉS POSTÉRIEUREMENT

12 août 1450. — Charles VII demande des processions d'actions de grâces pour la réunion de la Normandie.

A. — In libro qui vulgariter nuncupatur *lo Libre Vert*, fuit adjectus unus codex in principio.

Et in inicio codicis inseruntur littere regie (1) ad dominum episcopum et Capitulum Lodovenses, de reductione Normanorum ad coronam, anno Domini m° quadri™ quinquagesimo, xii° augusti.

---

(1) Nous n'avons pas retrouvé le texte des criées qui furent faites en cette occasion; mais les archives de Gignac, aux Arch. Départ. de l'Hérault, (BB. 58 fol. 164,) nous ont conservé la proclamation faite dans une circonstance analogue le 17 janvier 1470. Depuis 1346, tout le Lodévois, sauf Nébian, ressortissait au viguier royal de Gignac.

Aujas que ros fa hom assaber de part nostre sobeyran senhor lo rey de Fransa, e de mandamen de mossenhor lo riguin real de Giniac.

Idcirco petebat rex pro gratiarum actionibus processiones fieri.

Cavetur predictum in 1° folio codicis superadditi in dicto libro.

1484 Défense d'attenter à la juridiction ecclésiastique.

B. — Extractum ab ordinariis regalibus, quibus cavetur prohibitio dominis senescalis, ne habeant impedire juridictionem ecclesiasticam.

Que ordinatio facta fuit Turonis in generali congregatione trium statuum, anno Domini m° iiii° iiii° tertio.

Habetur predictum in 2° folio dicti codicis superadditi.

Élection du capitaine de la ville.

C. — Accordatum inter dominum episcopum Lodovensem, et sigillarios et aliquos habitantes Lodove, passatum per curiam parlamenti Parisius, ubi dicitur quod in quantum factum concernit capitaneum ville Lodove, ab ista hora in antea sigillarii et habitantes dicte ville eligere, nominare, presentare poterunt, dummodo presentantes sint in numero viginti personarum honestarum, domino episcopo et successoribus capitaneum vel capitaneos, de quibus videbitur eis expedire pro exercendo officium capitanei dicte ville.

---

en fasent comandamen a tota persona de qualque estat ho conditio que sia, que lo jorn de dema aja a venir a la glyysa de Sant-Peyre an candelas e an bandieyras, per far la processio ad honor e lauzor de Dieu, per pregar e rendre gracias e lausor a Dieu, per la pas e unio que es facha de novel entre lo present realme de Fransa e lo realme de Engla terra; e pregarem Dieu que ly plassa de la entretener e observar.

E que apii auren per tres jorns, e faren festa como sy era a dimenge.

E quo sus la pena de XLV s., aplicadoyras ald. rey, nostre sobeyran senhor.

Et episcopus vel sui recipiant ipsum dicto modo presentatum, et ipsum vel ipsos instituant in eodem officio per et usque ad tempus de quo sibi et successoribus vel eorum officiariis videbitur faciendum, prestito juramento solito ipsi episcopo ac officiariis, ut moris est.

Si vero presentantes fuerint in minori numero XX⁶, non tenebuntur recipere nisi velint.

In quantum vero materia disceptationis concernebat piscarias, concordaverunt quod super isto servabuntur amodo statuta et banna in dicta villa super eis edita ab antiquo et ordinata.

Datum Parisius, xxii⁸ jullii, mᵒ iiii⁸ vᵒ, et regni Karoli regnantis xxv.

Continetur predictum in 3ᵘ, et 4° et 5ᵘ foltis dicti codicis.

§ I. ÉTAT DES ÉGLISES

(*fol. 37 v°*) *D* — Registrum totius libri predicti, vulgariter nuncupati *lo Libre Vert*, continetur in primo et proprio codice ipsius libri. (*Plantavit a ajouté*: 1498.)

Continetur dictum registrum in primo codice proprio libri et in primo folio 2 codicis.

Lettres royaux sur l'exemption des décimes

E — Philippus, Francorum rex, precepit non levare decimam a beneficiatis Lodovensibus, quorum beneficium vel beneficia summam xv librarum valorem non excedunt.

Datum Parisius, die xxvii januarii, anno Domini mᵒ iiiᶜ xxxᵘ.

Cavetur predictum in 2ᵘ folio libri signato ii.

Topographie de la ville de Lodève

F — Lodova civitas, que antiquitus vocabatur Luteva, sita in convalle a duobus lateribus suis cingitur et clauditur duobus fluviis non magnis; unus ortum habt a parrochia Sancti

Salvatoris de Rippa in eadem diocesi et vocatur Lirga: secundus minor alio, qui Solondrus dicitur. crescit et decrescit infra eandem dyocesim etc.

Alia ibidem de locis presentis dyocesis.

Habetur predictum in 2ª folio signato ii.

Cathédrale de Saint-Geniès de Lodève 1 (1)

G — Ecclesia cathedralis Lodove in honore et titulo Sancti Genesii, martiris Arelatensis, fundata et dedicata extitit; in qua sacrum corpus beati Fulcranni, episcopi et confessoris integrum conservatur, qui eamdem ecclesiam consecravit anno nongentesimo lxxvª. inditione tercia, regnante Lothario Francorum rege.

Habetur in 2ª predicto folio.

Nombre des chanoines; leurs revenus

II — In predicta ecclesia cathedrali sunt xiiii prebende et xiii canonici: decimus quartus est episcopus. qui percipit quantum unus canonicus ordinarius, videlicet pro ordinaria distributione xii denarios et tres ferratos vini boni et puri quolibet die. si presens fuerit Lodove.

Item quolibet mense iiiiⁿ sextaria frumenti, si fuerit semel in singulis mensibus presens.

Ibidem de archidiaconatu. et sacrista. precentore, archipresbiteratu (2).

Et ordinatum extitit de consensu omnium canonicorum, quod episcopus Lodovensis per se ipsum solum conferet archidiaconatum et precentoriatum. et (*fol. 38 rº*) archipresbiteratum cum prebendis suis. quando vaccabunt, canonico duntaxat ordinario Ecclesie Lodovensi, et non alii.

Habetur in ii et iii folio.

---

(1) Le nombre placé après l'égyptienne ou en italique dans le texte renvoie à la note topographique.

(2) Voir plus loin l'analyse de quatre ordonnances de Bernard Gui.

Collation des chapellenies dans la cathédrale

A — In dicta ecclesia cathedrali sunt xv capellanie. que conferuntur xv capellanis; et de ipsis capellaniis episcopus confert duas. que determinate sunt et expresse: et quilibet canonicus, unam.

Sunt etiam in eadem ecclesia plures alie capellanie, quarum collatio, si patronum non habeat superstitem, spectat ad episcopum et Capitulum communiter.

Sunt etiam in eadem ecclesia dyaconi et subdiaconi. quorum collatio spectat ad episcopum et Capitulum.

Collatio subsacriste spectat ad episcopum et Capitulum communiter; sed commissio cure animarum, ad solum episcopum.

Habetur in iii folio.

Valeur de l'évêché; dimes et décimes

B — Episcopatus Lodovensis, secundum antiquam taxationem decime, taxatus est ad mille libras turonenses; valet circiter tria millia librarum turonensium et amplius. (1)

Ibidem cavetur de decimis (2) quas dominus Johannes papa xxii pontificatus sui anno vii, Dominice vero Incarnationis anno mᵒ iiiᶜ xxiiiᵒ, univit et applicuit mense episcopali.

Habetur in iiiᵒ et iiiiᵒ folio.

C — Capitulum Lodovense secundum taxationem decime taxatum est ad lxxᵗᵃ xxⁱⁱ (= 1400) libras. Valet autem tria

---

(1) Ni pour l'évêque. ni pour le Chapitre nous ne connaissons le chiffre exact des décimes. payées sur l'ensemble de leurs revenus. Chaque église qui suit. va nous donner sa quote-part. Il en résulte que le chiffre des décimes payées est exactement le dixième de la taxe.

(2) Il n'est plus question des *décimes*. mais des *dimes*. payées au clergé de certaines églises dont Briçonnet nous a conservé les noms au *Livre des Privilèges*. Pour la plupart d'entre elles. ce n'était pas la totalité de leurs dimes. mais la moitié seulement qui revenait à la mense épiscopale.

millia librarum et amplius, secundum majorem vel minorem valorem bladi.

Consequenter ibi de archidiaconatu, sacrista, precentore, archipresbiteratu.

Habetur in iiii° folio.

Distributions aux chanoines

D — Prebenda Ecclesie Lodovensis consistit maxime in distributionibus quotidianis.

Quilibet enim canonicus, si presens fuerit; percipit quotidie xii denarios turonenses et tres ferratos vini.

Item quolibet mense iiii°° sextaria frumenti, computatis pro mense iiii°° septimanis; et sic sunt lii sextaria annuatim.

Item percipit certa emolumenta pro augmentis que fiunt in festivitatibus, in anniversariis seu obitibus, presentibus et residentibus.

Item quilibet canonicus a procuratoribus Capituli recipit annuatim pro vestiario x libras.

Item in tribus festivitatibus scilicet Natalis, Pa[s]che, Penthecostes, in qualibet xiiii°° libre, inter canonicos et episcopum Lodove duntaxat presentes.

Habetur in iiii° folio.

Du sous-sacriste

(*fol. 38 v°*) *E* — De officio subsacriste cavetur in v° folio; et in fine sui capituli habetur:

Quod non debet procurationem episcopo; debet tenere duos presbiteros, quibus per episcopum committitur cura animarum.

Et tenetur ipse subsacrista respondere in synodo pro ecclesia Sancti Genesii (*1*) et Sancti Andree (*2*) in civitate, et pro capella rurali Sancti Martini de Combacio (*3*) et pro qualibet seorsum.

In v° folio.

Eglise Saint-Pierre de Lodève 4

F — Ecclesia Sancti Petri de Lodova parrochialis est et curata; ad collationem episcopi.

Taxata olim fuit ad xx libras; solvit pro decima xl solidos.

Debet procurationem episcopo visitanti; sed quum tenues habet redditus et episcopus, ratione archidiaconatus, ab antiquo percipit majores fructus ejusdem. indiget in procurationis onere sublevari.

In v" folio.

Notre-Dame de la Chapelle 5

G — Ecclesia Beate Marie in civitate sine cura est; spectat ad archidiaconum qui facit ibidem celebrare.

In v et 6" folio.

Chapelle du palais épiscopal 6

H — Capella aule episcopalis sine cura est; spectat ad collationem episcopi.

Valet in redditibus assignatis xxx" libras et amplius; sed quia antiqua taxatio xv libras non excedit, non solvit decimam.

Pro luminaribus et candellis dicte capelle necessariis ad celebrandum et ministrandum in ea, percipit a priore ecclesie de Pegueyrolis (55), x libras cere annuatim.

Item ille cui cappella confertur, tenetur ibidem celebrare quotidie.

In 6" folio.

Notre-Dame-de-Beaulieu 7

I — Capellam Beate Marie de Belloloco fundavit et dotavit, ut patronus, dominus Guillelmus de Lodova miles.

Capellanus debet episcopo episcopalem reverentiam et obedientiam.

Collatio jure patronatus spectat ad heredem dicti domini Guillelmi; institutio, ad episcopum.

Taxata est ad xv libras; non solvit decimam.

In 6ᵃ folio signato vi.

Abbaye de Saint-Sauveur 8

K — Abbatia Sancti Salvatoris de Lodova, ordinis sancti Benedicti, non est exempta, sed subest episcopo, tam in capite quam in membris, que habet infra dyocesim Lodovensem. Episcopus habet ibi visitationem et procurationem.

(*fol. 39 rᵒ*) Abbas debet eligi de consensu episcopi qui electionem, si confirmandam viderit, confirmabit.

Abbas debet episcopo promittere obedientiam, et jurare fidelitatem et facere recognitionem episcopo se et suum monasterium tenere ab episcopo et Ecclesia Lodovensi in feudum omnia feuda que habet vel habebit infra dyocesim. Pro feudis que habet et tenet ab episcopo, debet solvere unum denarium aureum sive unum marbotinum in festo sancti Andree, si infra annum requisitus fuerit.

Debet abbas personaliter interesse synodis episcopi, sedere ad dextram episcopi indutus cappa serica, et habere baculum pastoralem.

Solvit pro his que habet in episcopatu Lodovensi pro decima xx libras; valor reddituum existimantur ad 700 septuaginta libras.

Habet in dyocesi Lodovensi ad collationem suam ecclesiam parrochialem de Subercio (59), que confertur monacho; sed episcopus committit curam animarum presbitero seculari.

Item confert abbas camerariam Sancti Stephani de Rogacio (52) monacho; episcopus vero, curam animarum.

Item prioratum Sancti Martini de Cumbis (22); episcopus curam animarum.

Saint-Thomas de la Léproserie.

Est capella Sancti Thome apostoli ultra fontem Lirge in exitu suburbii versus Sanctum Andream et Giniacum ubi fuit domus leprosorum.

Habentur in vi et vii foliis.

Lauroux 10

A — Ecclesia Beate Marie de Loransio parrochialis est et curata, et consecrata: ad collationem episcopi; taxata ad xl libras, solvit pro decima iiii^{or}; valet autem lxxx libras.

Habet annexam capellam Sancti Petri de Croso (*//*) ruralem.

Episcopus percipit ibi medietatem decimarum cujuslibet bladi. leguminum. et vini, et carnalagii, et lane et caseorum per totam parrochiam. In aliis vero, non, sive sint fructus arborum sive porcelli, sive pulli, etc. Pro quibus tamen et aliis prior dicte parrochie cessit episcopo jus quod habebat ipsa ecclesia in molendino (1) quod est ante portam dicte ville de *Laurous.*

Item jus quod habebat in ipsa villa. ut usatica, laudimia, consilia vel quecumque alia infra muros, exceptis domibus ecclesie et quodam locali quod est juxta ecclesiam;

Jus quod habebat in manso de Bosco (2) et de Vallato nigro, usque ad Reithrarcham, (3) excepta decima ipsorum locorum.

Habetur in vii folio.

Les Plans 12

B — Ecclesia Sancti Saturnini de Planis parrochialis et curata:

----

(1) Ce moulin n'existe plus. Il était situé au nord-ouest du village sur la rive gauche du ruisseau de Lauroux. Nous en marquerons l'emplacement au *Livre I des Reconnaissances.*

(2) Le manse du Bosc et du Valat Nègre. dans la dimeris de Lauroux: voir note dans *Livre I des Reconnaissances.*

(3) Rétrarche, ancien tènement à identifier.

ad presentationem Capituli Lodovensis, et episcopus instituit sacerdotem qui debet obedientiam et reverentiam episcopalem. Tenetur venire ad synodum, sed non tenetur ad procurationem episcopo visitanti.

Solvit pro decima, xxxiii solidos, viii denarios, valet l libras et habet annexam capellam (13).

Habetur in viii folio.

Olmet 14

(folio 39 v°). C — Ecclesia Sancti Petri de Ulmeto parrochialis est et curata, cui unita est ecclesia parrochialis Sancte Eulalie (15), retentis in predictis duabus ecclesiis episcopali reverentia et obedientia, et singulis annis pro duabus synodis quinque solidis et tribus obolis.

Capitulum Lodovense presentat episcopo vicarium perpetuum, qui ab episcopo regimen animarum recipit; ad synodos tenetur venire et obedientian promittere. Predictum autem Capitulum tenetur facere et solvere procurationem episcopo visitanti.

Habetur in viii folio.

Le Puech-d'Aubaignes 16

D — Ecclesia Sancti Michaelis de Podio Albaygua parrochialis est, et curata et consecrata; ad collationem spectat episcopi et debet procurationem episcopo.

Solvit pro decima lxx solidos; valet autem l libras.

Habet annexam capellam Sancti Agricole (17) juxta stratam publicam.

Habetur in viii folio.

Villecun 18

E — Ecclesia Sancti Petri de Villacomo parrochialis est et

---

(4) Cette annexe doit être identifiée avec Saint-Sauveur-de-Soulages; voir topographie numéro 13.

curata; ad collationem spectat episcopi; est a prestatione decimo liberata.

Debet procurationem episcopo, sed indiget supportari.

Habetur in viii folio

Lavalette 19

F — Ecclesia Sancti Laurentii de Valleta parrochialis est et curata; ad collationem episcopi.

Solvit pro decima xxxii solidos; valet xxx libras.

Debet procurationem episcopo visitanti, sed indiget supportari.

Habetur in viii et ix foliis.

Rouvignac 20

G — Ecclesia Beate Marie de Roviniaco facta est ruralis et sine cura; debet tamen portare onus tam procurationis episcopi quam decime papalis, a quibus ecclesia de Euzeria (*21*) est immunis. Ipsa ecclesia de Roviniaco spectat ad collationem episcopi.

Solvit pro decima iiii^{or} libras, x s. vi d.; valet autem lx libras et amplius.

Due partes decime fuerunt unite mense episcopali per dominum Johannem papam xxii, que sunt taxate ad xxx libras et solvit pro decima lx solidos.

Videretur tamen bonum quod dicta ecclesia iterato fieret parrochialis, et haberet curam animarum iiii^{or} aut v mansorum existentium in locis proximioribus.

Habetur in ix folio.

Lauzières 21

(*folio 40 r°*) *A* — Ecclesia Sancti Johannis de Euzeria facta fuit parrochialis et curata: ad collationem episcopi, sed immunis a procuratione episcopali et decimo papalis.

Cavetur in ix folio.

Saoint-Martin-de-Combes 22

B — Ecclesia Sancti Martini de Cambis parrochialis est et curata: ad presentationem abbatis Sancti Salvatoris seu ejus collationem. Cura committitur per episcopum sacerdoti sibi presentato seculari et ydoneo, qui debet episcopo reverentiam episcopalem et obedientiam, et venire ad synodos; abbas autem tenetur ad procurationem episcopo visitandi.

Abbas assignat dictum locum, nomine prioratus, cuidam religioso, qui percipit inde xvi libras; solvit pro decima xvi solidos.

Cavetur in ix et x foliis.

Octon 23

C — Ecclesia Sancti Stephani de Olhone parrochialis est et curata: ad collationem episcopi: consecrata est; debet procurationem.

Solvit pro decima xl solidos: valet autem xl libras.

Cavetur in x folio.

Notre-Dame-de-Celles 24

D — Ecclesia Beate Marie de Sellis parrochialis et curata: ad collationem episcopi: facit procurationem.

Solvit pro decima lx solidos: valet l libras.

Et habet annexam capellam ruralem Beate Marie de *Clomps* (25). Episcopus percipit ibi medietatem decime, et solvit pro decima liii solidos; valet autem xl libras et amplius.

Cavetur in x folio.

Mérifons 26

E — Ecclesia Sancti Petri de Marifontibus parrochialis et curata: ad collationem episcopi: debet procurationem.

Solvit pro decima lx solidos: valet l libras.

Et habet annexam capellam castri de Malavetula (27).

Cavetur predictum in x folio.

Salasc 28

F — Ecclesia Sancti Genesii de Salasco parrochialis et curata; ad collationem episcopi; facit procurationem episcopo visitanti.

Solvit pro decima I solidos; valet I libras.

Cavetur in x folio.

Mourèze 29

G — Ecclesia Beate Marie de Moresio parrochialis et curata; ad collationem episcopi: debet procurationem;

Solvit pro decima iiii^{or} libras viii solidos; valet autem lx libras.

Habet annexam ecclesiam ruralem Sancti Petri de *Navas* (*30*), cujus valor existimatur circiter xx libras; et vocatur in synodo prior Sancti Privati de *Navas* et solvit vi denarios.

Item habet capellam Sancte Scolastice (*31*)

(*folio 40 v*) Item habet annexam ecclesiam Sancti Petri de Scorriano (*32*). Et vocatur in synodo prior Sancti Petri de Scorriano et solvit vi denarios.

Operarii autem fabrice (1) solvunt pro decima xlii solidos.

Habetur in x et xi foliis.

Liausson 33

H — Ecclesia Sancti Felicis de Lausono parrochialis et curata; ad collationem seu presentationem Capituli Lodovensis: episcopus committit curam animarum sibi presentato sacerdoti ydoneo, qui tenetur promittere obedientiam, venire ad synodos; debet procurationem.

------

(1) Cette fabrique est la seule signalée par Bernard Gui avec des revenus soumis à la décime. Les quarante-deux sous payés supposent qu'elle avait été taxée pour 21 livres. D'autres fabriques existaient certainement dans le diocèse; mais la taxe de leurs revenus n'excédant pas quinze livres, elles devaient être exemptes de décimes.

Solvit pro decima xliiii°ʳ solidos; valet lx libras.
Cavetur predictum in xi folio.

Saint-Jean-de-Mont-Liausson 34

I — Ecclesia seu capella Sancti Johannis Babtiste, sita in vertice montis de Lausone, sine cura est.

Et capellanus quicumque ibi deserviet, promittet, quandocumque instituetur vel mutabitur, obedientiam et reverentiam junctis manibus episcopo Lodovensi: et tenebitur venire ad synodum et solvere in qualibet synodo tres denarios turonenses pro cathedratico et synodatico episcopo Lodovensi.

Servabit dictus capellanus sententias excommunicationis et interdicti latas ab episcopo vel suis, privilegiis tamen Hospitalis Hierosolimitani, quantum ad hujusmodi sententias, semper salvo.

Preceptor domus de Nebiano poterit capellanum instituere vel destituere.

Item preceptor de Nebiano, ratione dicte domus debet episcopo Lodovensi annuatim in vigilia Natalis Domini pro usatico in perpetuum, in recognitionem feodi, x libras pulchrae cere et nove, absque requisitione, in domo episcopali Lodove, ad rectum pensum ejusdem civitatis.

Dicte ecclesie preceptor de Nebiano habet jus patronatus et episcopus Lodovensis, ad presentationem preceptoris aut gerentis vices ejus, debet instituere presentatum.

Ipsa autem ecclesia a procuratione episcopi est immunis.

Habetur predictum in xi et xii foliis.

Nébian 35

K — Ecclesia Sancti Juliani de Nebiano parrochialis est et curata; tenetur procurationem facere episcopo Lodovensi visitanti. Episcopus committit curam animarum sacerdoti ydoneo sibi presentato, qui debet promittere episcopo obedientiam et reverentiam junctis manibus.

Episcopus (1) autem dedit preceptori de Nebiano ecclesiam Sancti Juliani et Sancti Vincencii de Nebiano (*36*) cum decimis, premiciis, et oblationibus atque aliis, salvo tamen cartone, et synodo et episcopali reverentia per omnia, et salvo tercio et parata canonicis.

Capellanus autem, dictis ecclesiis deserviens, regimen animarum ab episcopo recipiet et intererit synodis.

Et promisit ipse preceptor de Nebiano, dicto episcopo domino Petro, nunquam impetrare (*fol. 41 r°*) rescriptum contra tenorem dicte pactionis.

Extat autem, inter compromissiones quasdam factas inter episcopum Lodovensem et dictum preceptorem, dictum et determinatum quod ipse preceptor tenebit in feodum ab episcopo Lodovensi turrem de Podio Augerio (*38*) et alias forcias, si que ibi fierent; pro quibus dictus preceptor tenetur inde fidelitatis juramentum procurare et recognitionem facere episcopo, cum per ipsum fuerit requisitus.

Habentur in xii et xiii foliis.

Saint-Martin-de-Salvasargues 37

A — Ecclesia Sancti Martini de *Salvasargues* facta est ruralis et sine cura; pro qua tamen preceptor de Nebiano tenetur ad procurationem episcopo visitanti. Episcopus autem visitans non vadit ad locum veterem dicte ecclesie jam desertum, sed venit ad capellam de Podio Augerii loco ejus.

Olim fratres de Nebiano edificaverunt capellam in honore Sancti Martini, in loco vocato de Podio Augerii (*38*), in territorio ecclesie de *Salvasargues*; sed nunc deserta est.

Capellanus autem curatus de Nebiano tenetur in synodo respondere pro dicta ecclesia de *Salvasargues*, et solvere synodum pro eadem.

Habetur in xiii folio.

______

(1) Cet évêque nommé plus bas est Pierre de Posquières.

Saint-Michel-de-Domazan 39

B — Ecclesia Sancti Michaelis de Domasano, prope villam de Nebiano, facta est sine cura; spectat ad collationem episcopi; debet procurationem episcopo visitanti.

Non solvit decimam; valet xxx libras.

Habetur in xiiii folio.

Saint-Jean-de-Lentesclières 40

C — Ecclesia Sancti Johannis Babtiste de Valle de Lentescleriis, prope ripariam Durbio, parrochialis et curata est; debet procurationem episcopo visitanti.

Solvit pro decima xl solidos; valet autem xx^ti quinque libras et amplius.

Habet annexas capellas Sancti Johannis Evangeliste *(41)* in riparia et Beati Mychaelis *(39)* prope stratam publicam.

Habetur predictum in xv folio.

Fouscaïs 42

D — Ecclesia Sancti Privati de Fontecassio parrochialis et curata est; ad collationem spectat episcopi; debet procurationem episcopo.

Non solvit deciniam; medietas autem decime dicte ecclesie ad mensam spectat episcopalem, ratione cujus non debetur Pape decima. Valet xxx libras et amplius.

Ibi olim fuit capella Sancti Vincentii *(43)*, cujus caput et parietes veteres adhuc sunt.

Continetur predictum xv folio.

Canet 44

E — Ecclesia Sancti Martini de Caneto parrochialis et curata; ad collationem episcopi; debet procurationem.

Valet lx libras et amplius; solvit pro decima lxx solidos.

Prior ecclesie debet annuatim in festo Sancti Genesii viisextaria bladi, videlicet iii° sextaria et eminam frumenti et iii° sextaria et eminam ordei, que recepit bajulus Sancti Andree (1).

Continetur in xv folio.

Brignac 45

(fol. 41 v°) F — Ecclesia Sancti Petri de Abriniaco parrochialis et curata; ad collationem spectat episcopi; debet procurationem, sed indiget supportari.

Non solvit decimam, valet autem xxx libras.

Et cum omnes decime dicte parrochie essent episcopales, dominus tamen Ramundus Lodovensis episcopus (2) assignavit dicte ecclesie tertiam partem omnium decimarum totius parrochie et aliarum, exceptis duabus partibus bladi et vini et agnorum et hedorum.

Cavetur in xv et xvi foliis.

Saint-Martin-d'Aureillac 46

G — Ecclesia Sancti Martini de Aurelacio est sine cura; ad collationem episcopi, et debet procurationem episcopo.

Non solvit decimam.

Cavetur in xvi folio.

Clermont 47

H — Ecclesia Sancti Pauli de castro Clarimontis parrochialis est et curata: ad collationem episcopi.

Solvit pro decima vii libras; valet c libras.

Habet annexam capellam Beate Marie de Peyrono (48)

Item est capella dominorum dicti castri (49).

Due partes decime spectant ad mensam episcopalem, pro quibus solvitur decima iiii^{or} librarum xiiii solidorum.

____

(1) Saint-André-de-Sangonis, dont l'évêque était seigneur.
(2) C'est l'évêque Raimond de Rocozels.

Valet autem circiter c libras.
Habetur in xvi folio.

Gorjan 50

I — Ecclesia Sancti Stephani de Gorjano, prope castrum Clarimontis, est sine cura; ad collationem episcopi: debet procurationem episcopo.

Solvit pro decima c solidos; valet autem lxx^a libras.

Dominus Berengarius Guirardi, episcopus Lodovensis, instituit 4^{or} capellanias pro iiii^{or} capellanis, qui celebrarent quotidie in eadem; quarum collatio spectat ad episcopum Lodovensem. (*Plantavit a ajouté:* 1285).

Habetur in xvi folio.

Sadras 51

K — Ecclesia Beate Marie Magdalenes de *Sadras* sine cura est. Tenetur sub dispositione preceptoris domus Sancte Eulalie (1), et ipse preceptor tenetur facere celebrare ibidem per sacerdotem ydoneum, qui tenetur venire ad synodos episcopi, et pro synodatico debet solvere v solidos.

Item debet xii solidos pro procuratione.

Habetur in xvi folio.

Saint-Etienne-de-Rongas 52

L — Ecclesia Sancti Stephani de Rogacio, prope castrum Clarimontis, parrochialis et curata; ad collationem seu presentationem abbatis Sancti Salvatoris Lodovensis; et episcopus curam comittit animarum sacerdoti presentato qui tenetur venire ad synodos et solvere synodaticum et procurationem.

Solvit pro decima xxxvi solidos.

Cavetur in xvi et xvii foliis.

---

(1) Sainte-Eulalie-de-Cernon, canton de Cornus (Aveyron); ancienne commanderie des Templiers, passée à leur suppression aux Hospitaliers.

Saint-Sixte-d'Avanusque 53

(*fol. 42 r°*) *A* — Ecclesia Sancti Sixti de Avanusco facta est ruralis sine cura; ad collationem episcopi; debet procurationem ratione visitationis.

Solvit pro decima I solidos, valet I libras.

Decima dicto ecclesie spectat ad mensam episcopalem; non solvit decimam Pape.

Cavetur in xviii folio.

Lacoste 54

B — Ecclesia Sancti Johannis de Costa (*Cetera desiderantur; blanc de 5 cent. en hauteur dans le ms.*)

Cornils 55

C — Ecclesia Beate Marie, sita in monte de Cornilio, est sine cura; spectat ad abbatissam et monasterium Elnonenche, (1) et predicta abbatissa tenetur facere recognitionem episcopo Lodovensi de predicta ecclesia et loco de Cornilio et pertinentiis suis.

In ipsa ecclesia deservitur per proprium sacerdotem, qui tenetur venire ad synodos, et respondere vocatus; sed non solvit procurationem nec solvit decimam.

Dominus autem Raymundus Guillermi, (2) hujus nominis primus, episcopus Lodovensis, dedit dictam ecclesiam Beate Marie, que est in monte de Cornilio et ipsum montem cum omnibus pertinentibus, priorisse et conventui de Annonenchica:

Item ecclesiam de Rogatio cum capellis suis, salva tamen

---

(1) Nonenque, fondé vers 1145 par le troisième abbé de Silvanes, Guiraud, dans la commune actuelle de Marnhagues-et-Latour (Aveyron)

(2) Raimond Guillem de Montpellier, évêque de 1187 à 1201, fit cette donation en 1190, On en lira le résumé au *Liber primus Recognitionum*, où Briçonnet analyse 13 actes relatifs au couvent du Mont-Cornils.

justitia et debita reverentia ecclesie Sancti Genesii; excepta parata et synodo, et tertio Ecclesie Lodovensi.

Predictus autem episcopus subjectam esse voluit Ecclesie Lodovensi, et monachas sub protectione sua et suorum [successorum], statuens ut capellani, divina celebrantes, ab episcopo Lodovensi curam suscipiant animarum; sanctimoniales vero, benedictionem et velum; capellanus autem de *Rogas* et predicti ecclesie de Cornilio synodis episcopi interessent.

Predictorum confirmationem fecit dominus Petrus (1) episcopus Lodovensis, et quedam abbatissa, nomine Agnes, omnia ipsi domino Petro recognovit.

Cavetur in xviii, xix et xx foliis.

(fol. 42 v°) — Ex libro viridi: sequentes ecclesie sunt ultra Lirgam respectu civitatis Lodove.

Pégairolles 56

C bis Ecclesia Sancti Johannis Babtiste de Pegueyrolis parrochialis et curata; ad collationem episcopi; facit procurationem episcopo.

Solvit pro decima iiii^{or} libras, valet autem l libras.

Habet annexam capellam Sancti Clementis (57) in monte ruralem.

Item habet annexam curam animarum qui consueverunt esse parrochiani ecclesie Sancti Vincentii de Gutta. (58)

Episcopus percipit decimam in parrochia dicte ecclesie, sed hoc est in diversis locis et confrontationibus ut in libro predicto patet. In olivis tamen quibuscumque episcopus non habet decimam.

Et rector ecclesie de Peguayrolis debet annuatim capelle aule episcopalis x libras bone cere, quinque in Natali, et quinque in Pasca.

Cavetur predictum in folio xx.

____

(1) Pierre Frotier (1202-1207), ou Pierre Raimond (1207-1237)

Saint-Vincent-de-la-Goutte

D — Ecclesia Sancti Vincentii de Gutta olim fuit parrochialis; ad collationem episcopi; facit procurationem episcopo visitanti.

Solvit pro decima xxxii solidos, valet autem I libras.

Facta est ruralis pér dominum Guillermum de Mandagoto episcopum Lodovensem, ita tamen proviso quod propter predicta, quod servitium ipsius ecclesie minime minuatur per priorem qui pro tempore fuerit, et ipse prior teneatur portare onus procurationis episcopalis et synodi, ac decime persolvende, impositum seu imponendum, ordinarium seu extraordinarium.

In ipsa ecclesia episcopus percipit medietátem decimarum.

Ipsam autem ecclesiam dominus B. (1) episcopus Lodovensis (*en marge Plantavit a ajouté* Berengarius 1288; *corrigé de sa main* Bernardus 1328 confer fol. 51), univit precentorie Lodovensi, proviso tamen quod ipse precentor faciet deservire in eadem sicut prius.

Item quod procurationem episcopalem, synodaticum et cetera jura episcopalia ipse precentor solvere teneatur.

Item quod collatio plena pertinet ad solum episcopum: ita tamen quod episcopus alicui de canonicis ordinariis seu prebendatis et de numero xiii canonicorum et nulli alio conferre potest.

Cavetur in xxi folio.

Soubès 59

E — Ecclesia Sancti Cypriani de Subercio parrochialis et curata: ad collationem seu provisionem abbatis Sancti Salvatoris Lodove. Confertur monacho, sed cura animarum per episcopum seculari presbitero sibi presentato confertur, qui nec debet dimittere curam susceptam sine licentia episcopi.

---

(1) Bernard Gui (1324-1331): l'ordonnance sera rapportée plus bas.

Habet ipsa ecclesia (*fol. 49 r°*) annexas capellas (*60*) dicti castri, capellam Sancte Crucis castelli de Poyolis (*61*):

Rector ecclesie de Subercio tenetur venire ad synodum, et solvere synodaticum sive cathedraticum censum et procurationem episcopo ratione visitationis.

Solvit pro decima lxx solidos, valet autem lx libras.

Habetur in xxi et xxii foliis.

Saint-Étienne-de-Gourgas 62

A — Ecclesia Sancti Stephani de Gorgacio parrochialis et curata; ad collationem episcopi; debet procurationem.

Habet annexam capellam castri de Alba aqua (*63*).

Solvit pro decima vi libras x solidos, valet autem lxxv libras.

Habet capellam ruralem in honore Sancti Christofori (*64*).

Habet autem episcopus decimas in ecclesia predicta omnium rerum, sed in locis certis et confrontationibus in libro designatis, et ibi de equali decimatione animalium, in illo vel illis locis depascentium, dividenda inter episcopum et rectorem predictum.

Habet autem illic episcopus omnem juriditionem, cognitionem, cohersionem et execuionem omnium causarum civilium et criminalium.

Habetur in xxii et xxiii foliis.

Parlages 62

B — Ecclesia Beate Marie de *Parlages* parrochialis est; ad presentationem prioris Sancti Stephani de Gorgacio; cura autem animarum confertur per episcopum sacerdoti sibi presentato.

Non debet procurationem, nec solvit decimam.

Due partes decime spectant ad episcopum, valent circiter xii libras.

Cavetur in xxiii folio.

Fozières 66

C — Ecclesia Beate Marie de Foderia parrochialis et curata, ab collationem episcopi.

Non solvit procurationem, non solvit decimam.

Cavetur in xxiii folio.

Soumont 67

D — Ecclesia Sancti Baudilii de Somonte parrochialis et curata; ad presentationem Capituli Lodovensis. Episcopus confert curam animarum sacerdoti ydoneo sibi presentato. Non debet procurationem episcopo.

Solvit pro decima xl solidos; valere consuevit lx libras.

In ecclesiis de Planis et de Somonte retinuit sibi episcopus curam animarum atque synodum, et episcopalem reverentiam.

Habetur predictum in xxiii et xxiiii foliis.

Saint-Martin-d'Urceyrolles 68

(fol. 43 v°) *E* — Ecclesia Sancti Martini de Ursayrolis parrochialis et curata; ad provisionem Capituli Lodovensis; et facit eam deservire per capellanum ydoneum, qui presentatur episcopo, ab eo recipit curam animarum, et tenetur venire ad synodum et solvere cathedraticum.

Capitulum tenetur facere procurationem episcopo visitanti.

Solvit pro decima xxx solidos.

Cavetur in xxiiii folio.

Saint-Michel-de-Grammont 69

F. — Ecclesia Sancti Mychaelis sita est in monte ubi est prioratus ordinis Grandimontis.

Ordo autem Grandimontis exemptionis privilegio gaudere creditur.

Dominus tamen Guillelmus de Casellis (1) episcopus Lodovensis dedit ipsis fratribus ecclesiam Sancti Vincencii de Mazoniis (73) cum omnibus pertinentiis, et salvis et retentis episcopo Lodovensi correctione, visitatione, ac procuratione ratione visitationis, et episcopali reverentia et synodo seu synodatico assueto.

Et ipsius ecclesie prior seu rector tenetur dare hostias ad conficiendum corpus Christi omnibus rectoribus ecclesiarum Lodovensium.

Prior autem tenetur presentare episcopo capellanum, fratrem illius ordinis vel secularem, qui ab episcopo curam recipiat animarum, qui tenebitur venire ad synodos.

Item unus capellanus, frater dicti ordinis, tenetur celebrare in altari Sancti Mychaelis archangeli, in capella juxta majorem ecclesiam, singulis diebus, ter in ebdomada pro vivis et ter pro defunctis, pro animabus episcoporum Lodovensium, et pro illis qui sunt vel erunt de Capitulo Lodovensi.

Item conventus tenetur cantare post matutinas *Salve Regina* cum Oratione Dominica et cum oratione propria.

Et debent esse continue xii fratres in conventu predicte domus.

Prior autem dicte domus pro dicta ecclesia tenetur ad procurationem episcopi ratione visitationis.

Et solvit pro decima dicte ecclesie sex libras.

Cavetur in xxiiii et xxv foliis.

Loiras 70

G — Ecclesia Sancti Petri de Avoyratio parrochialis et curata; ad collationem episcopi, debet procurationem.

Solvit pro decima lxii solidos, valet autem lxxx libras.

Et habet annexam capellam Sancti Sepulchri (71) que est superius in castro de Bosco.

Dicta ecclesia annexa est archidiaconatui Lodovensi, sed in eadem (*fol. 44 v°*) constituitur perpetuus vicarius qui cu-

---

(1) Guillaume de Cazouls, mieux de Caselles, évêque de 1211 à 1259.

ram habeat animarum. Debet servare hospitalitatem, procurationem solvere, et synodaticum et cathedraticum et cetera jura episcopalia et alia incumbentia sibi onera supportare.

Archidiaconus et vicarius debent secundum ratam suorum reddituum solvere papalem decimam.

Cavetur in xxv et xxvi foliis.

Usclas 72

A. — Ecclesia Sancti Egidii de Usclacio parrochialis et curata facta est; ad collationem episcopi; solvit procurationem ratione visitationis.

Solvit pro decima xxxii solidos; valet autem xl libras et amplius.

Saint-Vincent-de-Mazones 73

B — Ecclesia Sancti Vincentii de Mazoniis parrochialis et curata; spectat ad priorem Sancti Mychaelis ordinis Grandimontis, et servitur in eadem per vicarium qui debet presentari episcopo pro cura animarum suscipienda.

Prior tenetur ad procurationem ratione visitationis.

Cavetur predictum in xxvi folio.

Salelles 74

C — Ecclesia seu capella de Salellis dependens a predicta ecclesia Sancti Vincentii; sed quia gravis est accessus ad dictam ecclesiam Sancti Vincentii tempore hyemali, fontes ad ipsam ecclesiam de Salellis translati sunt.

Cavetur in xxvi folio.

Saint-Frichoux 75

D — Ecclesia Sancti Fructuosi parrochialis et curata. ad collationem episcopi: debet procurationem.

Non solvit decimam, valet autem xl libras.

Episcopus in ea percipit medietatem omnium decimarum. Continetur in xxvi folio.

Les Salses 76

E — Ecclesia Beate Marie de Salsis parrochialis et curata, ad collationem episcopi; debet procurationem.

Solvit pro decima iiii^or libras x solidos, valet autem lxx libras.

Habet annexam capellam sancti Privati (77). Episcopus capit tertiam partem decime cujuslibet bladi leguminis, vini, carnalagii, et lane et cascorum tam de novalibus quam de terris aliis universis.

Postea tamen factum est quod dicta ecclesia assignaretur archipresbitero Lodovensi *(fol. 44 v°)* et poneretur ibidem per episcopum vicarius qui curam haberet animarum; cui de proventibus ecclesie talis debet portio assignari, de quo congruam possit sustentationem habere, hospitalitatem servare, procurationem episcopalem, synodaticum, et cathedraticum et cetera onera supportare.

Dicti autem archipresbiteratus et vicarie plena collatio ad episcopum spectat, sic tamen quod archipresbiteratum episcopus conferat uni de numero xiii canonicorum.

In prestatione decime archipresbiter et vicarius debent secundum ratam suorum reddituum solvere partem.

Habetur in xxvi, xxvii et xxviii foliis.

Saint-Jean-de-la-Blaquière 78

F — Ecclesia Sancti Johannis Babtiste de Plevis, alias de Blacqueria, parrochialis et curata; ad collationem episcopi, debet procurationem.

Solvit pro decima vii libras, valet autem cc libras.

Episcopus autem habet in dicta villa merum et mixtum imperium.

Cavetur in xxviii folio.

Saint-Saturnin-de-Lucian 79

G — Ecclesia Sancti Saturnini de Luciano parrochialis et curata; ad collationem episcopi; debet procurationem.

Solvit pro decima cx solidos, valet autem c libras

Medietas vero decime spectat ad mensam episcopalem . et solvit pro decima iiii^{or} libras x solidos; valet autem c libras.

Habet autem quinque capellas:

Capellam Sancti Laurentii (*80*) castri de Arboratio, et expediret quod separaretur a dicta ecclesia fieretque parrochialis;

. Capellam Sancti Johannis de Jonqueriis; (*81*)

Capellam Beate Marie Magdalenes; (*82*)

Capellam Beate Marie de Figueria· (*83*)

Capellam Beate Marie de Duabus Virginibus. (*84*) ·

In xxviii folio.

Saint-Guiraud 85

H — Ecclesia Sancti Geraldi olim fuit capella dependens ab ecclesia Sancti Saturnini; facta est parrochialis et curata ad collationem episcopi; debet procurationem.

Solvit pro decima xl solidos, valet autem xl libras.

Habetur in xxviii folio.

Saint-Julien-d'Avizas 86

(*fol, 45 r°*) *A* — Ecclesia Sancti Juliani de Avizatio, prope castrum Sancti Felicis, fuit ab antiquo parrochialis, sed episcopus Lodovensis univit Capitulo Lodovensi, ordinando quod institueretur perpetuus vicarius, qui haberet curam animarum.

Capitulum solvit tres partes procurationis et vicarius quartam.

Solvit pro decima Capitulum lxvii solidos, et vicarius solitus est solvere xxii solidos vi denarios; sed quia taxatio sue partis non excedit xv libras, videtur esse vicarius liberatus a prestatione decime.

Collatio autem dicte vicario ad episcopum pertinet.

Cavetur in xxviii et xxix foliis.

Saint-Félix-de-Lodez 87

B — Ecclesia, seu capella Sancti Felicis in plano Lodovesii ab antiquo dependens a predicta ecclesia Sancti Juliani;
sed propter habitationem populi in eadem sacramenta minis-
trantur.

In xxix folio.

Ceyras 88

C — Ecclesia Sancti Saturnini de Ceracio parrochialis et
curata, ad collationem episcopi, debet procurationem.

Solvit pro decima lx solidos, valet l libras.

Et habet annexam capellam Sancti Petri de Leneyraco (*89*).

Medietas decime predicte ecclesie spectat ad episcopum;
solvit pro decima lii solidos viii denarios.

Cavetur in xxix folio.

Cambous 90

D — Ecclesia Beate Marie de Cambono parrochialis et curata: ad collationem abbatis Sancti Guillelmi de Desertis, qui
ponit ibi monachum.

Qui quidem monachus debet habere sub se presbiterum
secularem episcopo presentatum pro regimine animarum nec
debet dimittere sine licentia episcopi.

Predictus prior tenetur ad procurationem et venire ad synodos assuetos.

Item debet dare episcopo in festo Sancti Genesii duo sextaria bonorum cicerum, expensis suis delata apud Lodovam
ad aulam episcopalem.

Solvit pro decima lxx solidos; valet cxx^{ti} libras et amplius.
Debet etiam x denarios et obolum in utroque synodo.

Ex libro viridi xxix folio.

Saint-André-de-Sangonis 91

'(*fol. 45 v°*) E — Ecclesia Sancti Andree de Sangoniis parrochialis est et curata, et regitur per vicarium perpetuum; cujus vicarii institutio ad episcopum spectat.

Decime et redditus predicte ecclesie uniti sunt mense episcopali. Vicarius non tenetur ad procurationem.

Solvit pro decima l solidos; valet autem xl libras et amplius.

Et habet annexam ecclesiam Sancti Petri de Granopiaco (*92*).

Cavetur in xxix folio.

Granoupiac 92

F — Ecclesia Sancti Petri de Granopiaco, ab antiquo dependens ab ecclesia predicti Sancti Andree, regitur per vicarium predicti Sancti Andree, sed redditus et proventus sunt uniti mense episcopali.

In xxx folio.

Sainte-Brigitte 93

G — Ecclesia Sancte Brigide parrochialis et curata, ad collationem episcopi; debet procurationem.

Solvit pro decima lxx solidos, valet autem lx libras.

Due partes decime ad mensam spectant episcopalem: solvunt pro decima lxxiiii solidos.

In xxx folio.

Coussenas 94

H — Grangia de Corsenacio cum capella privata in plano Lodovesii, in terminio parrochie Sancte Brigide, spectat ad abbatem Aniane ordinis Sancti Benedicti: confertur monacho, non debet procurationem.

Solvit pro decima lxx solidos.

Sed dictus prior debet episcopo Lodovensi, singulis annis in festo sancti Genesii, xv sextaria bladi ad mensuram Sancti Andree, videlicet viii frumenti et vii ordei.

Et in glosa libri habetur: quia plures fundi seu terre fuerunt in emphiteosim concesse, hodie solvit domino pro pensione vi sextaria ordei et vi frumenti.

Ex libro viridi xxx folio.

Notre-Dame-de-la-Garrigue 92

(*fol. 46 r°*) *A* — Ecclesia Beate Marie de Garriga parrochialis et curata; spectat ad abbatem Sancti Guillelmi de Desertis, qui ponit ibi monachum priorem, qui debet habere sub se presbiterum secularem, presentatum episcopo pro cura animarum suscipienda, nec debet dimittere curam sine licentia episcopi.

Prior tenetur venire ad synodos, et solvere synodaticum et quinque solidos pro cartone episcopo xv° die ante Pasca.

Solvit pro decima c solidos.

Item prior dicte ecclesie tenetur solvere episcopo Lodovensi singulis annis, in festo Beate Marie de augusto, iiii°ʳ sextaria frumenti et iiii°ʳ ordei ad mensuram loci de Garriga.

Cavetur folio xxx.

Montpeyroux 96

B — Ecclesia Sancti Martini de Monte petroso parrochialis est et curata; ad presentationem abbatis Sancti Guillelmi de Desertis, qui ponit monachum qui vocatur prior, sed debet presentari capellanus episcopo pro cura animarum suscipienda nec debet dimittere curam susceptam sine licentia episcopi.

Predictus prior tenetur venire ad synodos et solvere synodaticum.

Item debet pro parte carthonis, pro ecclesia predicta et capella Sancti Petri (*97*) ejusdem castri, x solidos annuatim apud Lodovam xv° die ante Pasca.

Dicta ecclesia habet annexam ruralem Sancti Stephani de Hermis (*98*)

Solvit pro decima cxv solidos; pars decimarum spectat ad mensam episcopalem, et solvit pro decima iiii^{or} libras iiii^{or} solidos.

Item de 2ª porcellata, quam troja faciet, episcopus et prior habeant unum porcellum pro decima.

Item de quolibet hospicio, in quo nutriuntur pulli gallinarum, habeant episcopus et prior unum pullum tantum pro decima quolibet anno, qui valeat ii denarios cum obolo.

Item episcopus et prior habeant pro decima de decem agnis, unum; de decem edulis, unum; de quinque, medietatem unius; et si non venerint ad predictos numeros, habeant de unoquoque anno (=agno) unum denarium, et de quolibet edulo, unum obolum.

Item de agnis et edulis qui dabuntur pastoribus pro custodia, habeant prior et episcopus decimam sicut de aliis.

Item de unoquoque grege qui manebit in estate in eadem parrochia, habeant episcopus et prior vi caseos (*fol. 49 v°*) pro decima.

Item si quis fecerit ferraginem ad vendendum, episcopus et prior habeant decimam; si autem fecerit ad comedendum cum animalibus, ultra eminatam terre, habeant decimam.

Item de caulibus, porris, napis, amarinis, lino et canapo, decima tribuatur, non autem de alio ortalagio.

Item de decem aussis lane, episcopus et prior habeant unam pro decima; de quinque, habeant medietatem unius; et si non venerint ad numeros predictos, habeant de unoquoque unum obolum.

Item episcopus et prior habent duas partes in arboribus, scilicet olivis et amigdalis, quas habet opera dicte ecclesie.

Item fuit actum et conventum inter priorem et dictos operarios, quod vicesima pars olivarum suprascripta dividatur in tres partes, quarum unam percipiat episcopus, aliam prior, tertiam operarii dicte ecclesie.

Ex libro viridi xxxi et xxxii foliis.

Saint-Jean-de-Fos 99

C — Ecclesia Sancti Johannis de *Fors*, alias de Gurgite Nigro, parrochialis et curata; spectat ad abbatem et monasterium Sancti Guillelmi de Desertis, salva semper episcopali reverentia et synodali censu seu cathedratico, et tenetur solvere episcopo annuatim et mittere apud Lodovam xvᵃ die ante Pasca v solidos pro parte carthonis.

Monachus ibidem per abbatem institutus debet habere presbiterum secularem, qui presentatur episcopo, a quo recipiat curam animarum.

Abbas autem tenetur facere episcopo procurationem ratione visitationis.

Vicarius autem, sive presbiter secularis, non debet dimittere regimen sine consensu episcopi, et tenetur venire ad synodos bis in anno.

Arbitri ordinaverunt quod priores ecclesiarum Beate Marie de Cambono, Sancti Johannis de *Fors*, Sancti Martini de Montepetroso, Sancte Marie de Garriga. Sancti Martini de Castris non poterunt compelli ad perpetuos vicarios ponendos in eis, sed per presbiteros annales ipsas regant, qui presbiteri presententur episcopo, et ab ipso curam recipiant animarum et eidem, sicut diocesano suo, obediant.

Cavetur in xxxii folio.

Saint-Geniès-de-Litenis 100

(*fol. 47 rᵒ*) *A* — Ecclesia Sancti Genesii de *Ledenes*, non longe a villa Sancti Johannis de *Fors*, regitur per vicarium ecclesie Sancti Johannis de *Fors*. Spectat dicta ecclesia ad monasterium Sancti Guillelmi de Desertis, salva episcopali reverentia et synodali censu. Debet dare episcopo Lodovensi v solidos annuatim xv die ante Pasca pro parte cartonis.

Arbitri ordinaverunt quod episcopus Lodovensis possit visitare, quandocumque voluerit, ecclesiam Sancti Genesii de *Ledenes* suis tamen expensis, nisi in eadem ecclesia populus conveniret ad sacramenta ecclesiastica suscipienda, et nisi ipsa reconciliatione indigeret: in quo casu abbas vel prior tenebitur episcopum procurare, sicut in aliis ecclesiis dyocesis Lodovensis procuratur.

Ex xxxii folio.

Abbaye de Saint-Guillem-du-Désert 101

B — Abbatia Sancti Guillelmi de Desertis ordinis Sancti Benedicti exempta est; abbas autem sive monasterium tenetur mittere, annuatim in Cena Domini, per suum proprium nuncium et in expensis suis, unum barrile plenum oleo pulchro apud Lodovam, quod possit implere tres ampulas, scilicet Chrismatis, et Olei Infirmorum et Olei Cathecumenorum; et ipse nuntius poterit in suis ampulis de dicto oleo ad monasterium predictum reportare.

Solvit abbas pro decima xxxiii libras vi solidos viii denarios; celarius xv libras; elemosinarius vi libras x solidos; camerarius xii libras; infirmarius iiii^{or} libras: sacrista, nichil.

Ex libro viridi xxxiii folio.

Saint-Barthélemy 102

C — Ecclesia Sancti Bartholomei infra villam Sancti Guillelmi, parrochialis est et curata; spectat ad collationem abbatis, et est consecrata.

Solvit pro decima lv solidos.

In xxxiii folio.

Saint-Laurent 103

D — Ecclesia Sancti Laurencii infra eandem villam parrochialis: ad collationem abbatis predicti.

Clerici ville et vallis Sancti Guillelmi debent ad quoscumque ordines (*fol. 47 v°*) per episcopum Lodovensem promoveri et primam tonsuram recipere clericalem et a nullo alio sine ejus licentia speciali.

Monasterium predictum habet extra villam Sancti Guillelmi in episcopatu Lodovensi vi ecclesias, scilicet ecclesiam Sancti Martini de Castris, Sancti Johannis de *Fors*, Sancti Genesii de *Ledenes*, Sancte Marie de Garriga, Sancti Martini de Monte petroso cum capella que est in castro, Beate Marie de Cambono.

Ecclesia de Cambono dat annuatim episcopo in festo sancti Genesii pro tercio duo sextaria cicerum, et suis expensis mittit Lodovam ad aulam episcopalem.

Ecclesia Sancti Martini de Castris dat episcopo annuatim in festo sancti Laurencii xxv solidos melgorienses apud Lodovam pro quartone.

Alie autem dicte ecclesie dant episcopo alios xxv solidos melgorienses pro quartone xv die ante Pascha et mittunt illos apud Lodovam ad aulam episcopalem, ut in singulis seorsum continetur ecclesiis predictis.

Abbas et monasterium habent omnimodam juridictionem, mixtum et merum imperium in omnibus locis, que tenet et possidet ipsum monasterium infra villam, et vallem et etiam extra vallem Sancti Guillelmi, sicut juriditio et proprietas ipsius monasterii confrontatur; et postea vide de confrontationibus fol. 34.

Arbitri ita diffinierunt: si episcopus pro reconciliatione abbatie ad ipsam declinaverit, expensis abbatis procuretur; quod si post polutionem, monasterium ipsum episcopum per xv dies requirere distulerit, ex tunc eidem episcopo liceat ex suo officio et sine fraude ad eandem reconciliandam declinare, per abbatem et monasterium procurandus.

Si qui clerici infra diocesim Lodovensem deliquerint, et in terris monasterii se receperint, si monasterium fuerit ab episcopo vel suis requisitum, tenebuntur delinquentes remittere et vice versa.

Item quod episcopus, requisitus seu rogatus per abbatem litteratorie, vel per priorem claustralem, abbate absente, ad ordines recipere, vel, si tempore ordinationis, episcopus ordines non celebraret, predictos monachos ad aliquem vicifiunt episcopum, quem abbas vel monachi eligerent, ipsos ordinandos cum suis litteris destinare.

De aliis clericis non religiosis dictum est prius.

Ibi tamen additur quod nullam ab ipsis clericis promissionem episcopus recipiet de obediendo vel alio faciendo, quamdiu in ipsis villa et valle fuerint habitantes.

(*fol. 48 r°*) *A* — Item quod vi ecclesie predicte regantur per monachos predicti monasterii, quos abbas et monasterium ad hoc duxerint eligendos: et quod ipsi priores non possint compelli ad perpetuos vicarios ponendos in eis. sed per presbiteros annales ipsas regant; qui presbiteri presententur episcopo Lodovensi et ab ipso curam recipiant animarum et eidem, sicut dyocesano suo, obediant et intendant.

Item in villa de Cambono episcopus habet merum imperium, ita scilicet quod habeat cognitionem, diffinitionem et execulionem in omnibus casibus, in quibus de consuetudine vel de jure delinquens erit ferro stigmandus. membro mutilandus, vel morti tradendus. In aliis autem diffinitio ad priorem de Cambono spectat. Homines etiam dicti loci teneantur facere episcopo exercitum et cavalgatam, et ad mandatum ejus vel sui vicarii exire.

Item mansus de Podio auri cum suis pertinentiis, et quicquid monasterium Sancti Guillelmi habet in parrochia Sancti Johannis de *Sorbs* (*108*), est nunc episcopi Lodovensis.

Item episcopus habeat homagium quod habet monasterium, vel infirmarius vel prior ecclesie de Montepetroso in quibuscumque hominibus et feminis.

Item omne dominium quod habet abbas in molinario de *Carabotes*, et in omnibus pertinentiis suis quecumque sint. illa debent esse episcopi Lodovensis: et dictus episcopus teneat in feudum a rege Majoricarum, domino Montispessulani.

Ex libro viridi xxxiii. 34, 35, 36 foliis.

B — Episcopus habet totum mansum de Cortina, quod Berengarius de Solerio tenebat a monasterio supradicto.

Item habet episcopus quicquid habebat monasterium in manso vocato de Trolhallo, qui mansus est in parrochia Beate Marie de Salsis.

In folio xxxviii ponuntur articuli arbitrorum de his que habet vel facere potest episcopus in villa et hominibus Sancti Guillelmi: et hec omittuntur, quia in aliis locis satis dicuntur.

Cavetur in xxxviii et xxxix foliis.

(fol. 48 v") — *Ex libro viridi. Ecclesie sequentes sunt in montanis.*

Les Rives 104

C — Ecclesia Sancti Salvatoris de Rippa parrochialis est et curata; ad collationem spectat episcopi: debet procurationem.

Solvit pro decima lxx solidos; valet autem c libras.

Episcopus habet medietatem decimarum cujuslibet bladi et omnium leguminum, carnalagii, lane et cascorum, feni, ortalagii et raparum.

Habet etiam episcopus totum jus quod habebat dicta ecclesia infra castrum de Rippa, exceptis domibus capellanie.

Item habet extra villam tres ortos, et eorum dominium et usaticum. et quamdam domum Fulcranni Tornerii. que omnia sunt sub area episcopali.

Cavetur in xxxix et xl foliis.

Saint-Félix-de-l'Héras 105

D, — Ecclesia Sancti Felicis de Leracio parrochialis et curata: ad collationem abbatis monasterii Case Dei, et confertur monacho qui vocatur prior, et tenetur venire ad synodos et facere procurationem episcopo visitanti.

Cura autem animarum confertur per episcopum sacerdoti seculari sibi presentato.

Solvit pro decima xl solidos; valet lx libras.

Habet ibi episcopus in mansis de Malis merendis, de Blacqueria, de Vaysseria medietatem totius decime de omnibus bladis et leguminibus, et cascis, et nutrimentis animalium, et ortalagio et de omnibus aliis de quibus decima debet dari.

Mansus de Vaysseria tenetur ab episcopo et dat eidem pro usatico vi solidos et unum sextarium civate; de quibus vi solidis vicarius habet duos solidos pro vicaria.

In mansis autem de Malis, *de la Soquete*, de *Feneyros*, et de *Sauzet* seu de Salice, in Aurussenco, de Cabanis, de Vaynandia, de Cumbeta, de Savellis, *Lambertes*, et in manso *Audran*, habet episcopus medietatem decime in avenis inexpeatis et in *cumbres*, videlicet in civatis et palmola, quando sunt mixte, alias non. Similiter habet episcopus medietatem decimarum in leguminibus in manso de Fonte et in manso Dozo.

In dominicaturis autem predicta ecclesia nichil percipit de decima.

Habetur in xl folio.

Le Caylar 106

(*fol. 49 r°*) *A* — Ecclesia Sancti Martini de Caylari parrochialis est et curata; habens annexam capellam Beate Marie que est in castro (*107*).

Non solvit decimam; facit procurationem, sed moderatam; valet xxx libras.

Ad marginem scribitur: ibi est capellania vocata *dels Eldis* vel *de purgatori*, que est ad collationem totalem episcopi, et requirit personalem residentiam in Caylari, et in beneficium deducta; non tamen cadit in gratia expectativa: conferri debet de genere Guillelmi Coste vel oriundo de loco.

Episcopus autem percipit omnes decimas in tota parrochia Sancti Martini de Caylari; ad episcopum spectat collatio vicarii in dicta ecclesia.

Cavetur in xl et xli foliis.

Sorbs 108

B — Ecclesia Sancti Johannis Babtiste de *Sorbs* parrochialis et curata; ad collationem episcopi; solvit procurationem episcopo visitanti.

Pro decima solvit xl solidos; valet autem l libras.

Castrum de Tuda quod tenetur in feudum ab episcopo Lodovensi cum pertinentiis suis, est de parrochia dicte ecclesie.

Sub columna notatur: quod episcopo Lodovensi debentur in parrochia ecclesie de *Sorbs* ea que sequuntur:

Videlicet pro manso de Podio auri viii solidos x denarios.

Item pro manso Bishali seu Episcopali iiii^{or} solidos.

Item Petrus de Villari debet quolibet anno pro manso de Podio auri tres caseos.

Item in anno quo terra fimatur, alii tres casei solvendi per pariarios.

Et istud inscritur in libro usaticorum de Caylari.

Habetur predictum in xli folio.

Notre-Dame-de-Prunet 109

C. — Ecclesia Beate Marie de Pruneto parrochialis et curata; ad collationem episcopi; debet procurationem, licet mediocrem.

Solvit pro decima xl solidos; valet autem xl libras et amplius.

Episcopus autem percipit totam decimam in parrochia dicte ecclesie, exceptis mansis de Fontauillis, manso Petito, Peyronencho, de Falguerolis et in manso de Cumba rubea, in quibus ecclesia predicta capit medietatem decime.

Habetur istud in xli folio.

Ausseran 110

(fol. 49 v°) D — Hospitale de *Ausarram* situm est infra parrochiam Beate Marie de Pruneto, habens capellam et cimiterium pro fratribus et sororibus, et pro pauperibus decedentibus ibidem.

Non solvit decimam, nec facit procurationem.

Et regitur per preceptorem clericum, cujus institutio, et destitutio et correctio in solidum spectat ad episcopum Lodovensem.

Dictusque preceptor tenetur recognoscere se et dictum hospitale tenere ad feudum ab episcopo Lodovensi, et omnia que habent in Lodovensi dyocesi, debetque prestare juramentum fidelitatis episcopo et obedientiam, et dare singulis annis unam libram cere, quando fuerit requisitus, et pro duabus mansis duos caseos cabanencos.

Item dictus preceptor singulis annis debet reddere rationem et computum episcopo vel illi cui episcopus. commiserit de omnibus receptis, et expensis et administratis per eundem.

Demum ponitur regula, que olim fuit in hospitalariis fratribus et sororibus dicti hospitalis.

Continetur in xli et xlii et 43 foliis.

Saint-Michel

E — Ecclesia Sancti Mychaelis in castro de Trojena est capella dependens ab ecclesia Sancti Genesii de Furnis; spectat autem cum ecclesia parrochiali Sancti Genesii de Furnis; ad collationem episcopi; facit procurationem ratione visitationis.

Solvit pro decima xl solidos; valet autem l libras.

Habetur in xliii folio.

Saint-Geniès-des-Fours 112

F — Ecclesia Sancti Genesii de Furnis fuit ab antiquo parrochialis; spectat una cum predicta capella ad collationem episcopi.

Cavetur ubi supra.

Saint-Pierre-de-la-Fage 113

G — Ecclesia Sancti Petri de Fagia parrochialis est ab antiquo; ad collationem abbatis Case Dei, et confertur monacho qui vocatur prior; cura vero animarum per episcopum confertur [sacerdoti] presentato sibi etc.

Dictus vero prior tenetur venire ad synodos et solvere procurationem ratione visitationis.

Habetur in xliii et xliiii foliis.

La Vacquerie 114

(*fol. 50 r*) *A* — Ecclesia Beate Marie de Vacaria parrochialis et curata: spectat ad collationem episcopi; debet procurationem episcopo ratione visitationis.

Solvit pro decima xxxvi solidos; valet xl libras et amplius.

Cavetur in xliiii folio.

Saint-Martin-de-Castries 115

B — Ecclesia Sancti Martini de Castris parrochialis est et curata. Spectat ad monasterium et abbatem Sancti Guillelmi de Desertis, qui confert eam monacho qui vocatur prior, qui debet presentare presbiterum secularem episcopo pro cura animarum.

Dictus prior debet procurationem ratione visitationis; debet venire ad synodum bis in anno, et solvere synodalem censum seu cathedraticum.

Solvit pro decima l solidos.

Item pro cartone tenetur solvere, in festo sancti Laurentii apud Lodovam, xxv solidos episcopo, quos nunc percipit bajulus Capituli.

Habetur in xliiii folio.

Saint-Maurice 116

C — Ecclesia Sancti Mauricii de Alajone parrochialis et curata; ad collationem episcopi; debet procurationem.

Solvit pro decima vi libras; valet c libras.

In ipsa ecclesia percipit episcopus medietatem omnium decimarum cujuslibet bladi et leguminum, et rector aliam medietatem, soluto prius canonicis Sancti Genesii de blado consueto tertio pro communi.

Item episcopus recipit medietatem de agnis, et hedis, et caseis et lana.

Continetur in xliiii folio.

Madiéres 117

D — Ecclesia Sancti Salvatoris de Maderiis facta fuit parrochialis et curata; cujus presentatio spectat ad priorem Sancti Mauricii, sed episcopus instituit presbiterum ydoneum sibi presentatum.

Non solvit procurationem, nec solvit decimam.

Reperitur predictum in xlv folio.

Navacelles 118

(fol. 50 v°) E — Ecclesia Beate Marie de Nova cella facta est parrochialis: ad presentationem prioris Sancti Mauricii, sed episcopus instituit sacerdotem ydoneum sibi presentatum.

Non solvit decimam nec procurationem ratione visitationis.

Olim Hugo Aurioli, rector de Nova cella, recognovit coram domino Guillelmo de Casellis, episcopo Lodovensi, se tenere in feudum et sub dominio episcopi Lodovensis, omnia et singula bona, que nomine ipsius Ecclesie habebat.

Et ut episcopus deberet tueri et defendere ipsum rectorem, idem rector dedit episcopo Lodovensi in tota parrochia bannum, penas pro effusione sanguinis, pro adulterio, pro homicidio et pro omnibus delictis in ipsis supradictis, firmantias, cohersiones et executiones omnis jurisdictionis majoris et minoris, etc.

Cavetur in libro viridi xlv et xlvi foliis.

F — Taxatio decime ecclesiarum Lodovensium ponitur in xlvi et xlvii foliis.

§ II. — DIGNITAIRES DU CHAPITRE

Mai 1326. - Quatre ordonnances de Bernard Gui

G — Anno m° iii° xxvi, in mense maii, dominus Bernardus (1), episcopus Lodovensis, creavit archipresbiteratus (*a*) officium in Ecclesia sua cathedrali; statuens quod archipresbiteratus (*b*) hujusmodi non sit personatus vel dignitas, sed duntaxat officium conseatur, quodque (*c*) nullam curam animarum habeat.

Ipse autem archipresbiter (*d*) stal[l]um in choro et locum, ac vocem in Capitulo habeat post archidiaconum (*e*), sacristam et precentorem.

Ipse profatus episcopus univit archipresbiteratui (*f*) prebendam quamdam prefate Ecclesie, vocatam vulgariter de *Fanabregol*, et parrochialem ecclesiam de Salsis, Lodovensis diocesis, proviso quod in ecclesia predicta de Salsis perpetuus constituatur vicarius.

Item ordinavit quod nullo modo numerus xiii canonicorum propter hoc augeatur.

Item quod plena collatio ad episcopum spectat (*g*), ita tamen (*fol. 51 r°*) quod episcopus alicui de canonicis dicto Ecclesie, et de numero existentibus (*h*), et nulli alii, conferre possit.

Cavetur predictum institutum in xlviii folio.

---

(1) Cette ordonnance a été publiée par Mᵉˡˡᵉ Louise Guiraud dans *Hist. de la ville de Lodève* T. II, note 5, p. 420. Les italiques, insérées dans notre texte, marquent les variantes que nous groupons ici, et qui proviennent surtout d'une lecture différente des abréviations employées par Briçonnet.

a et *b*: archipresbyteriatus; *c*: quamquam; *d*: archipresbyter; *e*: archidiaconem; *f*: archipresbiteriatui; *g*: spectet; *h*: existenti.

La canonegue de Fanabrégol, affectée à l'archiprêtre, était située sur l'emplacement de l'Hôtel de Ville actuel de Lodève.

A — Anno m° iii° xxvi, in mense maii, dominus Bernardus. episcopus Lodovensis, parrochialem ecclesiam Sancti Petri de Avoyratio, Lodovensis diocesis, archidiaconatui univit, proviso quod in eadem ecclesia perpetuus instituatur vicarius.

Item ordinavit quod archidiaconatus predicti collatio ad solum episcopum spectat, qui conferet alicui de canonicis Ecclesie Lodovensis ordinariis seu prebendalis, et de numero xiii. (*Plantavit a ajouté*: vide infra, fol. 63 et 65.)

Habetur predictum xlix folio.

B — Anno m° iii° xxvi, in mense maii, dominus Bernardus, episcopus Lodovensis, ecclesiam ruralem et sine cura animarum Sancti Vincentii de Gutta, Lodovensis dyocesis, precentorie univit, proviso quod dictus precentor teneatur in dicta ecclesia, statutis temporibus, divina facere celebrare, quod episcopalia jura teneatur, et procurationem, et synodaticum, et cathedraticum.

Item quod plena collatio spectat ad episcopum, ita quod uni de canonicis ordinariis et de numero xiii existentium conferat.

Habetur in xlix et l foliis.

C — Anno m° iii° xxvi, in mense maii, dominus Bernardus, episcopus Lodovensis, declaravit, statuit et decrevit sacristiam non esse dignitatem vel personatum, sed solummodo simplex officium.

Habetur in l folio,

5 septembre 1264. - Ordonnance de R. de Rocozels.

D — Anno m° ii° lxiiii° (1), domino Lodoyco Francorum rege regnante, nonas septembris, dominus Raymundus epis-

____

(1) Au sujet de cette ordonnance et de sa date, Melle Guiraud écrit: «elle ressemble trop à celle de Bernard Gui pour que je ne croie pas à une répétition de cette dernière avec erreur sur la date». Puis soup-

copus Lodovensis, ordinavit ut deinceps ordinarius Lodovensis canonicus sit archipresbiter Lodovensis de numero videlicet xiii, qui est in Lodovensi Ecclesia juramento firmatus, et per Sedem Apostolicam confirmatus.

Item constituit archipresbiterum post archidiaconum, sacristam et precentorem, etc.

Cavetur in l et li foliis.

§ III. — CATALOGUE DES ÉVÊQUES

(fol. 51 v°) — Cathalogus episcoporum Lodovensium ex libro viridi.

Saint Flour 1 (1)

E — Primus episcopus Ecclesie Lodovensis fuit sanctus Florus, ex transmarinis partibus oriundus, inter alios lxx^a discipulos Christi designatus.

çonnant un copiste d'avoir «traduit l'abréviation *arch.* usitée, par *archipresbiter* pour *archidiaconus*», elle se refuse à admettre un «Raymundus Bartholomeus archipresbyter Lodove», deux fois nommé dans un document de 1236, et elle conclut: «C'est pourquoi je rejette ces textes du XIIIe siècle, pour m'en tenir à l'assertion de Bernard Gui, bien informé, on peut croire.» (*Op. cit.*, p. 120).

Il ne semble pas qu'on puisse rien rejeter du tout. Un document bien antérieur à Bernard Gui s'y oppose formellement.

En 1204, dans un échange de biens avec l'abbé de Saint-Sauveur de Lodève, l'évêque Pierre Frotier cède l'église de Soubès, mais se réserve le droit de procuration, *que, ratione visitationis, sibi, et archidiaconis et ARCHIPRESBITERIS debetur. (Invent. de Briçonnet* fol. 9 C.

L'analyse de Briçonnet est faite sur l'original. Dès lors le doute n'est pas possible, la confusion des termes non plus. Il faut donc admettre, dès 1204, au moins un archiprêtre dans le diocèse de Lodève.

(1) Dans l'original les folios 52 et 53 étaient en blanc. — Le nombre, placé après le nom de l'évêque, renvoie aux notices ci-après.

Ex admonitione beati Petri, missus fuit ad partes provincie, que Gothia cognominatur, et pervenit ad civitatem Lodove in provincia Narbonensi, in Aquitanie regione, ubi factus est primus pastor et episcopus animarum.

Postmodum, inspirante Christo, una cum discipulis aliis, in *Bolismam* usque collem pervenerunt, quo in loco siti incomparabili sitierunt: sed, interveniente sancto Floro, mox ut virga sua terram aridam tetigit, aque largissime effluxerunt, et ibi fons preclarus ab ipso die usque in hodiernum emanat et satietatem multis prestat populis.

Demum profectus est in montem, Indiciatum appellatum, ubi postmodum, facta populatio, edificata est villa que, a nomine sancti Flori denominata, usque in hodiernum diem Sanctus Florus appellatur.

Quis autem episcopus immediate successerit sancto Floro in Sede Lodovensis Ecclesie non comperitur.

Cavetur in liiii foliis.

Sisemond 2

F — Venerabilis Sisemundus erat episcopus Lodovensis tempore Ludovici cognomento Pii, imperatoris augusti, filii Karoli magni; qui quidem Ludovicus suscepit sub sua protectione eumdem Sysemundum et ejus Ecclesiam.

Item dedit eidem episcopo ecclesiam Sancti Amantii non longe ab ejusdem orbis (=urbis) Lodove muro; et vallem de Laurosio ab integro cum ecclesia Sancte Marie, Sancti Petri, Sancti Martini, et vallem de Peguerolis cum ecclesia Sancti Johannis.

Habetur in liiii et ly folio

Tatilo 3

G — Venerabilis Tatilo erat episcopus Lutèvensis tempore domini Karoli cognomento Calvi, Francorum regis, qui fuit filius prefati Ludovici Pii imperatoris augusti. Hic confirmavit donationes sui patris predictas.

Item dedit eidem Tatilloni villas duas: Salascum in comitatu Lutevensi, alteram Nisato Baringum in comitatu Bilerrensi.

Ibidem iv folio.

Saint Georges 4

(*fol. 52 r*) *A* — Sanctus Georgius, clara prosapia ortus ex territhorio Ruthenensi; fuitque episcopus Lodovensis tempore Karoli cognomento Calvi; qui dedit eidem Georgio theloneum civitatis et pagi Lodovensis, et pascuarum cum alpibus.

Item eidem facta est donatio cujusdam vinee in terminio ville *Salellas*, que jungitur fluvio Lauroso.

Hujus sancti Georgii corpus in Lodovensi Ecclesia requiescit.

Ex libro viridi, in cathalago episcoporum Lodovensium fol. iv.

Macaire 5

B — Venerabilis Macharius erat episcopus Lutovensis tempore Adriani pape, hujus nominis tercii, qui copfirmavit donationes regum predictas.

Ibidem.

Theodoric 6

C — Dominus Theodoricus erat episcopus Lodovensis, anno Christi 938, anno 2° quo Ludovicus cepit regnare. Facta est illi quedam commutatio de villa de *Sorbs*, cum ecclesia Sancti Johannis et toto ecclesiastico, propter alodium aliud in villa quam vocant Croselum.

Hic enutrivit sanctum Fulerannum ab ipso puericie sue evo.

Migravit ad Christum anno gracie Christi 949 in mense januarii.

Habetur in iv folio.

Saint Fulcran 7

D — Sanctus Fulchrannus vir genere nobilis et moribus insignis. De isto habetur frequens mensio in libro qui intitulatur *Cartularius antiquus episcopatus Lodovensis*, ubi habentur multa empta ab ipso beato Fulchrano.

Huic etiam frater ejus Aramfredus donavit alodium suum in pago Lutevensi, quod habebat in villa Marifontis. cum ecclesia Sancti Petri et alia ibidem posita.

Item Raymundus comes dedit eidem Fulchranno alodium quod habebat in comitatu Agatensi, scilicet villam de *Caucos*, villam de *Casellas* et salinas, et villam quam vocant Petranum et Petrianillum.

Profuit Fulchrannus in episcopatu Lodovensi annis lvii'em, et insuper diebus novem. migravitqué anno gratie Christi m° vi, scilicet ydibus febroarii, feria quarta.

Quo defuncto, Ecclesia Lodovensis sine pastore remansit vidua annis novem, sub quodam, Matfredo (*8*) nomine, episcopo Bitterrensi, qui contra fas utriusque Ecclesie gubernaculum usurpavit.

Habetur in lv et lvi folio.

Olombel 9

(*fol. 52 v°*) *E* — Odo Imbellus sive Olimbellus prefuit post divum Fulchrannum.

Bernardus (*10*), hujus nominis primus, successit predicto.

Bernardus (*11*), hujus nominis secundus, post predictum rexit Ecclesiam Lodovensem.

Roslagnus (*12*), post predictos.

Dominus Bernardus de Prevenqueriis (*13*) multos labores pro Ecclesie tuitione sustinuit; hic, Hierosolimam pergens, migravit ad Dominum m° xcix.

Predicto defuncto, titubavit Ecclesia Lodovensis annis duobus sub quodam sacrilego Deodato de *Caslutz* (*14*): sed illo velut ydiota et symoniaco depulso, electus est alius pastor bonus.

Ex libro viridi fol. lvi°.

Pierre Raimond 15

F — Dominus Petrus Raymundi, fillus Galburgis, hujus nominis episcopus primus, multis laboribus et magnificis donis dotavit Ecclesiam.

Acquisivit honorem de Combacio.

Fecit in ecclesia fieri cruces et tabulam Sancti Genesii et alia, etc.

In predicto folio.

Pierre de Posquiéres 16

G — Dominus Petrus de Posqueriis statuit elemosinam claustri; dedit ecclesie bona canonicorum decedentium. nam ad episcopum pertinebant.

Fecit fieri portalia, et muros et vallos quibus civitas Lodove clauditur.

Acquisivit honorem de *Loros*, de Salasco; fecit ibi fieri molendinum.

Civitas Lodovensis, sub ipso et per ipsum. a jugo et servitute Ruthenensis [comitis] erepta est.

Transitus ejus recolitur vi° ydus julii obiit anno m° clxi°.

Cavetur predictum in lvi et lvii foliis.

Gaucelm de Montpeyroux 17

H — Dominus Gaucelmus de Montepetroso post predictum fuit episcopus Lodovensis. Quo in episcopatu sedente, civitas melioribus vallis, et muris et edificiis decorata est. Unde ipsa civitas, que diu humilis et paupercula jacuerat et ignota, ex tunc his omnibus (*fol. 53 r°*) dilata. longe lateque divulgata est fama ejus.

Hic episcopalem honorem multum adauxit.

Opus novum de Sala fecit. solarium in medio civitatis, furnum de grana, turrim de Pegueyrolis, honorem de *Lauros* melioravit.

Mansum de Combatio vendicavit; honorem de Nysacio appropriavit, alia plura comparavit.

Suo tempore ecclesia fuit antemurata et turris consummata.

Suo etiam tempore civitas Lodova ita est clarificata ut ab antiquo nomine, Lutova scilicet, quo diu latuerat, nobilis quasi derivata, revera possit dici nobilitata, etc.

Fuit sepultus infra basilicam Sancti Genesii anno m°clxxxvii, vii° idus jullii.

Habetur in lvii folio.

Raimond Guillem 18

(fol. 53 r°) A — Dominus Raimundus Guillelmi, frater domini de Montepessulano, predicto successit in Sede Lodovensi. Hic, nobili prosapia exortus, Lodovam appellatam nobilem sua nobilitate nobilitavit.

Venerandum lignum Dominicum et serenissimum pallium ecclesie Sancti Genesii presentavit.

Regalia episcopatus Lodovensis impetravit reconfirmari et monete libertatem.

Acquisivit castrum Montisbruni, quod antea in calamitatem et ignominiam, et in periculum totius Lodove, reddebatur comiti Ruthenensi, quotienscumque postulabat.

Item quidquid comitalis potestas habebat in toto episcopatu Lodovensi.

Item medietatem castri de Elzeria.

Edificavit turres castri Montisbruni, salam et coquinam.

Emit decimam de Rippa.

Item mansum de Balma.

Item acquisivit cartonem de alodio castri de Elzeria.

Hic fecit excambium cum canonicis, per quod habuit ecclesiam Sancti Martini de Caylari et decimam totius parrochie. Emit mansum ubi castrum de Caylario est edificatum.

Quam plurima alia comparavit et fecit. Hic viriliter agens humiliavit oculos superborum, et ponens firmamentum eorum formidinem, posuit fines suos pacem.

Obiit anno m° ii° i°.

Cavetur in lviii fol.

Pierre Frotier 19

(fol. 53 v°) B — Dominus Petrus Froterii, hujus nominis tertius, prefuit in episcopatu annis vi.

Hic a proditoribus necatus et occisus est; sed Aymericus de Claromonte, prefati episcopi vassallus fidelis, ad vendicandum facinus Lodovam honorifice venit. Et episcopus sequens per bajulum sue curie temporalis sexdecim proditores nominatos eorumque fautores de crimine lese majestatis per sententiam condemnavit et eorum bona confiscavit. Omnium autem proditorum et contiorum patres et matres, fratres sorores etc. omnes exules fecit. Et sententialiter Philippus, Francorum rex, damnavit eos crimine lese majestatis.

Horum proditorum quidam suspendio mortui sunt, et alii fugam acceperunt, etc.

Cavetur lviii. lix, lx et lxi foliis.

Pierre Raimond 20

C — Dominus Petrus de Lodova, hujus nominis quartus, prefuit in episcopatu post predictum. Qui fecit statutum perpetui exilii a civitate Lodovensi contra totam progeniem proditorum.

Hic rexit episcopatum xxxi, vixitque usque ad senium; et in fine dierum suorum recepit habitum ordinis Fratrum Minorum in conventu Lodovensi, ubi obiit et sepultus fuit anno m° ii° xxxvii°. ..

Hic comparavit nemus quod dicitur *del Crozet.*

In castro de Nizacio emit furnum.

Item quamdam domum in barrio de Caylari.

Item locum unum infra villam Sancti Andree.

Hic concordavit cum preceptore domus de Nebiano, ut idem preceptor perciperet decimas in parrochia Sancti Martini de *Salvazargues*, et episcopus perciperet decimas in ecclesia de Caneto.

Habetur in lxi folio.

Bertrand de Mornay 21

D^t— Dominus Bertrandus de *Mornay* monachus electus fuit in episcopum Lodovensem, et confirmatus per archiepiscopum Narbonensem; sed munus consecrationis obtinere non potuit; et rexit episcopatum annis 4^{or}.

Obiit in castro de Caylario.

Continetur in lxi et lxii foliis.

Guillaume de Caselles 22

(fol. 54 r°) A — Dominus Guillelmus de Casellis prefuit in episcopatu Lodovensi annis xviii et amplius; obiit anno m° cc° lxx°. Fuit sepultus in prioratu sancti Michaelis ordinis Grandimontis Lodovensis dyocesis.

Hic dedit dicto loco ecclesiam Sancti Vincentii de Masorniis ut esset ibi collegium xii fratrum, et ad hoc sint perpetuo obligati.

Hic quam maximas exposuit pecunias sive pro redemptione temporalitatis episcopatus que erat obligata: item propter guerram regis contra comitem Tholosanum; item pro eundo ad consilium generalem apud Lugdunum (*en marge on lit de la main de Plantavit:* 1245 sub Innocentio 4) et pro aliis multis causis.

Hic reparavit cameram episcopalem et edificavit altare in honore Beate Virginis in capella ipsius domus, et assignavit ibi decem libras cere et illam partem decime, quam percipiebat in ecclesia Sancti Felicis, ad opus unius sacerdotis, qui in ea perpetuo celebraret.

Hic comparavit unam terceriam salis ad opus castri de Caylari.

Item unum casale in castro de Montebruno, juxta domum ubi est cisterna.

Acquisivit sex solidos annuatim in tabulis panatarie.

Item xxvi solidos in tabulis peissonarie, quas fecit fieri ante furnum.

Item parvum nemus prope civitatem.

Item emit. ab heredibus Be[r]nardi de Roqueta, unum pedem bovis in macello, a Natali Domini usque ad festum Omnium Sanctorum.

In parrochia de Laurosio emit a vicariis loci vicariam.

In Payguerolis, dominium, et laudimium, et investituram, et vii sextarios bladi unius mansi, qui dicitur mansus de Balmis.

Item a canonicis Lodove., duo sextaria civate et sex denarios per escambia.

In Sancto Vincentio de Gutta, iiii.{or} sextaria et eminam civate.

In parrochia de Rippa acquisivit lx sextaria civate.

In parrochia de Leracio emit quartam partem pro indiviso banni, justiciarum, jurisdictionis dicti loci, et duos ortos in barrio.

In loco de Ripa unam eminam frumenti censualem.

In parrochia de *Sorbs* quartam partem quinti.

Item emit villam de *Poscombes*, que alias appellatur villa de Vacaria.

Item unum mensem dominationis castri de Parlagis.

Item medietatem castri de Albaygua.

Item quoddam stare cum curte sua in castro de Albaigua.

Item dominationem omnium hominum de Gorgacio.

Item vi septimanas dominationis castri de Parlagis.

Xxvi.{am} sextam partem in castro de Foleria.

Item acquisivit in Subercio multa.

(*fol. 54 r.*) In parrochia de Avoyracio domum unam infra castrum de Bosco, et multa usatica et homines, etc.

Item in parrochia Sancti Saturnini de Luciano; juridictiones minores et majores in loco de Arboracio et alia, etc.

In parrochia Sancti Johannis de *Pleus*.

In parrochia Sancti Andree de Sangoniis.

Item medietatem garrigarum: inter garrigas acquisivit xl sextaria ordei, etc.

In villa de Valleta sibi fecit remitti omnes justicias.

In castro de Podio *Albeque*.

In castro de Nizalio.

Item ad honorem et utilitatem episcopatus Lodovensis, prefatus dominus Guillelmus episcopus fecit quinque milites tempore suo, et dedit eis pro vestibus, et armis et equis quatuor milia et quingentos solidos.

Ex libro viridi in lxii, lxiii, lxiv, lxv, lxvi foliis.

Raimond de Rocosels 23

B — Dominus Raymundus Astulphi, alias cognominatus de Rocozello, prefuit in episcopatu annis fere xx.

Hic emit medietatem ville de Salasco et multas emptiones particulares.

Cavetur in lxvii folio.

Béranger de Boussagues 24

C — Dominus Berengarius de Bociacis predicto successit in Sede Lodovensi. Fuit episcopus annis 4 et fere dimidio.

In castro Sancti Andree incepit edificium majoris aule.

Item illud quod abbas Sancti Guillelmi habebat in molendinis de *Carabotas*.

Item dictus abbas et monasterium assignaverant episcopo Lodovensi xx libras annuatim, etc.

Habetur in lxvii et lxviii foliis.

Bérenger Gérard 25

D — Dominus Berengarius Gerardi de civitats Lodovae fuit episcopus; prefato successit, et prefuit septem annis et amplius. Obiit anno m ii xci.

Hic fecit aliquas acquisitiones in Sancto Andrea et plures in Valleta.

Habetur in lxviii folio.

Gaucelm de la Garde 26

(*fol. 52*) *A* — Dominus Gaucelmus de *la Garda* successit

prefato et prefuit annis quinque, fuitque inde translatus ad Sedem Magalonensem.

Hic emit medietatem jurisdictionis de Valle Durandi et de Croso Henrico et xii solidos.

Item a preceptore de Nebiano habuit multa.

Cavetur in lxviii et lxviiii foliis.

Itier 27

B — Dominus Iterius ordinis Minorum, per provisionem domini Bonifacii octavi, successit predicto et prefuit annis sex. Hic obiit Burdigalis in conventu Minorum anno m°iii°iii, mense julii.

Habetur in lxix folio.

Déodat de Boussagues 28

C — Dominus Deodatus de Bociacis, nepos prenominati de Bociacis; et prefuit annis xi et amplius, obiit anno m° iii° xii; jacet in ecclesia Sancti Genesii.

Hic comparavit quartam partem molendinorum de *Carabotas.*

Item quamdam peciam terre, in quo factus est ortus episcopi in castro de Sancto Andrea.

Habetur in lxix folio.

Guillaume de Mandagout 29

D — Dominus Guillelmus de Mandagoto successit predicto per provisionem domini Clementis pape quinti, et fuit episcopus annis quinque.

Aliquas fecit emptiones in monte castri Montis bruni.

Item fecit aliqua excambia cum domino Guillelmo de Lodova milite etc.

Invenitur in lxix folio.

Jacques de Concots 30

E — Dominus Jacobus de Concosio ordinis Predicatorum successit predicto, per provisionem domini Johannis Pape xxii, cujus erat penitenciarius et confessor, anno m° iii° xvii.

Fecit modicas emptiones, sed summam trium millium florenorum quam solvebat episcopus Lodovensis pro communi servicio camere, procuravit reduci ad mille florenos.

Continetur predictum in lxx folio.

Jean de la Tissanderie 31

(fol. 55 v°) F — Johannes Texenderii ordinis Minorum predicto successit per provisionem domini Johannis pape xxii.

Hic aliquas fecit emptiones: et quod suus predecessor inchoaverat, obtinuit confirmari per privilegium de unione ecclesiarum mense episcopali.

Ex libro viridi in cathalogo episcoporum lxx° folio.

Bernard Gui 32

G — Dominus Bernardus Guidonis, ordinis Predicatorum, fuit translatus de Tudensi Ecclesia ad Ecclesiam Lodovensem, et successit prefato Johanni, et receptus a dominis canonicis, et clero et populo processionaliter, ut moris est, nonis octobris, dominica die qua festum Dedicationis cathedralis ecclesie agebatur, anno m° iii° xxiii°.

Hic fecit fieri stabula apud Sanctum Andream et alias multas reparationes.

Fecit viam novam ad castrum Montis bruni.

In castro de Caislari cameram.

Carceres in domo episcopali etc.

Plurimas autem fecit emptiones.

Hic fecit scribi per manus notariorum in iiii°r magnis voluminibus, ligatis in asseribus, instrumenta antiqua et etiam nova de tempore suo, de recognitionibus feudorum, castrorum, villarum, mansorum, usaticorum cum quibusdam aliis annexis spectantibus ad jura episcopatus et episcopi Lodovensis.

Item quemdam alium magnum librum, quem intitulavit *Librum Quintum*, seu pocius *Registrum privilegiorum et ecclesiarum episcopatus Lodovensis*, brevem *Cronicam de episcopis Lodovensibus*, et de bonis que fecerunt singuli in episcopatu annectens; quos libros omnes ipse per se ipsum cum diligentia tabulavit.

Hic scripsit *Cronicam de Romanis Pontificibus et Francorum regibus et comitibus Tholosanis*; et alios 4ʳ tractatus *de Annis generalium consiliorum*; *de ordinatione officii Misse*; *de nominibus Apostolorum*; *de articulis fidei*; compilavit legendas Sanctorum; item librum procedendi contra perfidos hereticos; aliaque quam plurima compilavit.

Hic fuit exequiatus Lodove, et demum per suos portatus Lemovicam. Planxit eum mirabiliter universus clerus et populus Lodovensis.

Ex libro viridi in cathalogo episcoporum Lodovensium lxx, lxxi, ii, iii, iiii foliis.

Bertrand du Mas 33

(*fol. 56 rᵒ*) *A* — Dominus Bertrandus de Manso per provisionem domini Johannis pape xxii successit precedenti anno mᵒ iiiᶜ xxxi.

Hic fecit aliquas emptiones.

Comperitur in lxxv folio.

Aimeric Hugues 34

B — Dominus Aymericus Hugonis factus fuit episcopus Lodovensis per dominum Innocentium papam, anno mᵒ iiiᶜ lxi, xxi die augusti.

Hic acquisivit magnis expensis decimas olivarum et aliarum rerum, de quibus antea minime solvebantur ab habitatoribus loci Clarimontis, Lodovensis diocesis.

Et alia acquisivit, etc.

Cavetur in lxxv et lxxvi foliis. (1)

§ IV. — DROITS ET DEVOIRS DES CHANOINES

1160 — Biens des chanoines défunts

(*fol. 56 v°*) C — Dominus Petrus, Lodovensis episcopus, dedit bona defuncti canonici, de quibus testatus non fuit, preter supellectilia et utensilia domus, in thesauris Ecclesie augmentandis. Custodiam tamen domus cum omni supellectili sua et cum omnibus utensilibus, de quibus canonicus jam defunctus testatus non fuerit, sibi et futuris episcopis reservavit, ita quod claves domus cum contentis suis, cui voluerit de canonicis, custodiendas committet.

Actum anno m° c° lx°

Habetur predictum in lxxviii folio

1194 — Échange d'églises

D — Anno Incarnationis m° c xciiii dominus Raymundus Guillelmi, Lodovensis episcopus, dedit per viam excambii et permutationis canonicis ecclesias de Planis, de Somonte, et quidquid ibi habebat, excepta ecclesia de Foderia. Canonici autem dederunt episcopo ecclesiam de Caylari et alia ibidem contenta.

Cavetur in lxxviii et lxxix foliis.

1160 — Forteresse d'Olmet

E — Anno m° clx, concordatum fuit quod episcopus tene-

---

(1) Le recto du fol. 56 est resté blanc aux trois quarts. L'acte suivant, inséré au fol. 78, laisse supposer qu'on avait ménagé deux feuillets en blanc pour continuer le *Catalogus*.

bitur tueri forciam de Ulmeto, que ad canonicos spectat, ubi canonici indigebunt.

Et similiter si episcopus indigeret, ipsi canonici, sine fraudatoria dilatione, ad suam commonitionem reddere debent.

Et ibidem, quòd non licet canonicis uti ipsa predicta fortia contra episcopum.

Habetur in lxxix et lxxx foliis.

1228 - Forteresse de Pertus

F — Anno m° ii° xxviii°, v nonas madii, recognoverunt canonici domino Petro, Lodovensi episcopo, debere reddere fortiam de Pertuso, ut illam de Ulmeto.

Habetur in lxxx folio.

1247 - Un chanoine peut opter pour une prébende

G — Anno m° ii° xlvii°, Capitulum Lodovense ordinavit, ut quandocumque aliquam prebendam sive domum et redditus ipsarum domorum vacare contigerit, antiquior canonicus juxta tempus sue receptionis optionem habeat.

Et postea cavetur quod recipiens a Papa prebendam, causa permutationis vel resignationis, debet habere domum seu prebendam predecessoris.

Continetur in lxxx et lxxxi foliis.

1295 - Collation de chapellenies

(*fol. 57 r°*) *A* — Anno m° ii° xcv Capitulum ordinavit quod episcopus Lodovensis conferat per se capellaniam constitutam per Capitulum seu assignatam ad serviendum altari Sancti Genesii et choro in parte dextra.

Item capellaniam constitutam pro anima Johannis Cambonis quondam canonici.

Alii canonici alias capellanias conferant ut ibidem ponitur.

Alias autem capellanias, dyaconatus, subdyaconatus, dignitates, prebendas, et officia ipsa et vicarias episcopus et Capitulum communiter dare debent.

Et ibidem quomodo presentantur illi quibus beneficia conferuntur et quomodo promoveri ad sacros, et interim provideri de alio, qui deserviat, donec beneficiatus in ordine requisito ad suum beneficium fuit ordinatus.

Habetur in lxxxi et lxxxii foliis.

1230 — Sentence de Pierre Ameil

B — Dominus Petrus, Narbonensis archiepiscopus, (*en marge, de la main de Plantavit*: Petrus Amelius) pacificavit quamdam controversiam inter episcopum et canonicos Lodovenses, super obedientia et reverentia debita prestanda, de fortia de Pertuso reddenda, de feudo Guillelmi Ermengaudi de Fozillone:

Item de interessendo compulis communic;

De 3ª parte bladi ecclesiarum Beate Marie de Croso, Sancti Mauricii et aliorum locorum:

Item de lxx solidis pro candella Beate Marie Sancti Genesii.

Actum anno mº ccº xxxº.

Habetur in lxxxii et lxxxiii foliis.

1253 — Réparations à la cathédrale

C — Episcopus et Capitulum Lodovenses, in reparationem ecclesie Sancti Genesii, dederunt decimas quas habebant in parrochia Sancte Marie de Salsis et de Sancto Privato in reparationem ejus, aliquibus exceptis;

Et cum pacto quod quando dicte decime ad reparationem non applicabuntur, redibunt ad episcopum et Capitulum.

Acto anno mº iiª liiiº, iiiⁱ nonas jullii.

Cavetur istud in lxxxiii folio.

1253 — Aumône du Chapitre

(*fol. 57 vº*) *D* — Guillelmus, episcopus Lodovensis, dedit elemosine Capituli x sextaria bone mixture, de quibus ele-

niosinarius Capituli recipiet septem de Caneto in festo sancti
Genesii, et tria sextaria in eodem festo annuatim de grancrio
episcopi, ut de dictis x sextariis detur elemosina generalis
omnibus pauperibus, ad dictam elemosinam venientibus in
perpetuum annuatim, videlicet die martis et die mercurii
post Sexagesimam.

Si vero dictis diebus non fiet dicta elemosina, voluit idem
episcopus quod dicta x sextaria ad suos redirent successores.

Actum anno m° ii° liii°, iii° nonas jullii.

Habetur istud lxxix (*sic*) et lxxxiii et lxxxiiii foliis.

1253 — Procureurs du Chapitre

E — Procuratores sive bajuli, qui pro tempore habent
regimen communie Capituli, tenentur jurare quod antequam
susceptum officium finiant, dabunt unicuique xiii canonicorum c solidos annuatim, I in Pasca et I in Penthecoste..

Quos c solidos canonici non percipiant, donec fecerint fieri
capam sericam, valentem x libras turonenses.

Item dicti bajuli tenentur dimittere in festo sancti Johannis
xx[ti] modios boni vini in cellario, et xxxiii[or] sextaria frumenti
et vi avene in grancrio communie.

Anno m° cc° liii, tertio nonas jullii.

Habetur in lxxxiiii.

1250 — Institution du Chapitre de mai

F — Guillelmus (*en marge, de la main de Plantavit: de
Casellis*), episcopus Lodovensis, et Capitulum ordinaverunt
quod omnes, episcopus et canonici, annuatim conveniant
personaliter in crastinum Inventionis Sancte Crucis, et se-
quenti proxima die intrent Capitulum ad eligendum et crean-
dum procuratores, etc.; et ad tractandum negocia communie.

Et si aliqui absentes fuerint, non citentur; sed per presentes omnia ordinentur.

Excipiuntur tamen electiones canonicorum et clericorum,

que hic non fiunt, nisi essent specialiter ad hoc vocati. (*Plantavit a ajouté*: an. 1250).

Cavetur in lxxxiiii et lxxxv foliis.

Distributions à l'évêque et aux chanoines.

G — Quantum episcopus et canonici debeant habere in distributionibus patet in 81 et 82, et 83 foliis, et quid etiam episcopus debet dare. Et ibidem perlegatur, quia propter prolixitatem et non observationem plurium, hic interi relicta sunt.

Cavetur in lxxxv et lxxxvi et lxxxvii [foliis].

Privilèges accordés au Chapitre par Raimond Belin.

(fol. 58 r°.) A — Raymundus, episcopus Lodovensis, dedit privilegia et libertates suo Capitulo Lodovensi:

Primo de juridictione illis concessa super hominibus ecclesiarum ipsius Capituli.

2° Confi[s]care possunt bona, si crimen tantum commiserunt; et episcopus et officiarii debent Capitulo auxiliari ad executionem sue sententie. Cause tamen criminales canonicorum et aliorum capellanorum, ad episcopum et officiarios pertinent.

Item quod Capitulum possit habere unum tabellionem.

Item quod Capitulum possit ad custodiam quorumdam pratorum, pascuorum ponere custodes et bannum statuere.

Item si episcopus aliquos in communi interdixerit, non vult canonicos comprehendi vel beneficiatos, nisi per expressum nominentur, et personaliter apprehenso vel suo procuratori notificetur.

Item Capitulum faciet deservire ecclesias suas per capellanos episcopo presentatos.

Cappella Sancte Eulalie deservietur per capellanum de Ulmeto.

Quod canonici vel beneficiati non capiantur per violentiam, quamdiu parati fuerint parere juri, nisi criminis hoc requirat atrocitas.

Item quod pro litteris de simplici justicia pro causis vel negociis Capituli, canonicorum vel capellanorum nil exigatur.

Canonici, habentes beneficium in dyocesi poterunt ipsis ecclesiis per vicarium presentatum [episcopo] facere deserviri.

Item si quis ad domum canonici confugerit, immunitate gaudeat, et pena fustigationis et ferro stigmationis, si in ea fuerit condemnatus, sit immunis.

Talie etiam per episcopum non poterunt levari a Capitulo vel suis sine consensu ipsius Capituli.

Item Capitulum conservet bona decedentis episcopi, et et electio novi episcopi de bonis predecessoris omnino fiant; et electus vel confirmatus episcopus approbet concessa Capitulo per se et suos priores.

Actum anno m° cc° lx, xv kalendas julii.

Habentur predicta privilegia a lxxxvii usque ad folium signatum lxxxx.

Distributions à l'évêque et aux chanoines

B — In lxxxx folio usque ad lxxxxiiii, tractatur de distributionibus episcopi et canonicorum, et ibidem requiras, et usque ad 96 et 97, habetur ut supra dictum.

Et ibidem quod debent esse octo pueri chori.

Privilège d'Honorius III

(*fol. 58 v°*) *C* — Honorius Papa confirmavit numerum xiii canonicorum in Ecclesia Lodovensi prohibens ne aliquis, absque mandato Sedis Apostolice, ad majorem numerum compellere possit.

Datum xii kalendas junii, pontificatus sui anno vi. (*Plantavit a ajouté:* an. D. 637)

Habetur cii folio.

Quelques statuts du Dhapitre

D — Gaucelmus, episcopus Lodovensis, et Capitulum ordinaverunt quod nullus habeat vocem in Capitulo, donec prebendam fuerit pacifice assecutus.

Actum anno m° cc° xcv. vii kalendas novembris.
Habetur ciii folio.

E — Capitulum ordinavit quod antiquior canonicus e tempore sue receptionis habeat optionem domus, si de domo ad domum placuerit se transferre. (*Plantavil a ajouté*: 1299).
Cavetur ciii folio.

F — Statutum de reductione reddituum succentorie ad Capitulum.

Aliud statutum quod precentoria debet esse de cetero officium et non dignitas:

El quod sit unus cantor temporalis in ecclesia, qui habeat regere et docere pueros de cantu, et in dicta ecclesia intonare et chorum regere. (*Plantavil a ajouté*: 1296).
Cavetur ciii et ciiii foliis.

G — Statutum quod canonicus quilibet habeat facere fieri capam x librarum turonensium.
Habetur ciiii folio.

H — Statutum de collationibus capellaniarum, quod scilicet episcopus per se solum conferat capellaniam assignatam ad serviendum altari Sancti Genesii et choro ex parte dextra.

Item capellaniam constitutam pro anima Johannis Camboni quondam canonici.

Et ibi vide consequenter ad quos spectat collatio aliarum capellaniarum.

Habetur ciiii et cv fol.

I — Petrus episcopus Lodovensis remisit ecclesie Sancti Genesii bona canonici defuncti, de quibus testatus non fuerit. De isto vide in 2° folio ante istud.

Habetur istud cv et cvi folio.

Services funèbres

(fol. 59 r°) A — Si aliquem canonicorum ordinariorum Lodovensium decedere contigerit, seu cedere quoquomodo canonicatui permutatione vel alias, novus qui succedet canonicus de bonis Capituli Lodovensis nichil prorsus percipiat infra annum, sed totum quod esset recepturus, Capitulo applicetur; ex quibus receptis pro anima canonici defuncti, cedentis vel permutantis, generalis obitus celebrandus statuatur perpetuo annuatim.

Actum anno m° cc° lxix. xii° kalendas februarii.

Continetur predictum statutum cvi folio.

B — Quotiens pro defunctis misse celebrantur, post primam illico debent celebrari; et episcopus et canonici, si presentes fuerint, habent eorum quilibet vi denarios, nisi ordinata esset major quantitas.

Continetur in cvi et cvii foliis.

Divers statuts

C — Ordinatum est quod sint tantum iiii°r clerici, quorum duo suis vicibus per ebdomadas serviant in ordinem dyaconatus, et alii in ordinem subdyaconatus.

Cavetur cvii fol.

D — Ordinatum est quod unum generale Capitulum celebretur, in crastinum festi sancti Martini episcopi in novembri: que dies ad conveniendum et sequens precise ad procedendum, cum continuatione duorum dierum sequentium duntaxat, sint prefixe.

Item aliud Capitulum in crastinum festi Inventionis Sancte.
Crucis (*ajouté par Plantavit: 1252*).

Habetur istud cvii folio.

E — Ordinationes plures circa illos et illa, qui debent in
ecclesia servire, et que etiam debent fieri.

Inter quas ponitur una, quod nullus presbiter celebret in
majori altari, nisi sit canonicus vel alia persona venerabilis,
exceptis ebdomadariis. etc. (*ajouté par Plantavit: 1253.*)

Cavetur cviii folio.

F — Post predictum tractatur de quotidianis distributionibus, de procurationibus Capituli, de augmentis festivitatum
solvendis canonicis. Et in hoc finit compilatio statutorum
Capituli et ordinationum factarum tempore domini Deodati,
Lodovensis episcopi.

Habentur in cviii usque ad cx fol.

(*fol. 59 v°*) *G* — Festa in quibus, et quid et quantum distri-
buatur episcopo, et canonicis et aliis, sive fuerint presentes,
et etiam quando sunt absentes.

Habentur predicta cvi folio.

§ V · SYNODE DIOCÉSAIN ET ACTES CONNEXES

H — Synodus Lodovensis ponitur a cxiiii folio usque ad
cxxiiii folio.

Habentur ubi cotatum existit.

I — Decima totius episcopatus et ecclesiarum Lodovensium, que levata est sub annis 1325, et 1326, et 1327 per
subcollectores decime biennalis.

Cavetur cxxv folio.

K — De casibus episcopalibus, concessis Fratribus Predi-
catoribus Clarimontis, et Fratribus Minoribus Lodove. et

Fratribus de Carmello, et de his quos sibi et penitentiario retinet episcopus.

Cavetur cxxvi et cxxvii et cxxviii foliis.

L — Qui sunt sententia synodali excommunicati.
Habetur cxxviii folio.

M — Frater Bernardus, episcopus Lodovensis, concessit sacerdotibus ut possint suis curatis, et curatis ut possint suis capellanis vel aliis habentibus potestatem, vel etiam religiosis per superiores Ordinum electis et episcopo presentatis confiteri.

Et consequenter ponitur damnatio articulorum, quos asseruit magister Johannes de Poliaco, doctor Parisiensis, quos damnavit dominus Johannes papa xxii.

Caventur ista cxxviii folio.

N — Extravagans Johannis xxii, scilicet *Vas electionis*, ponitur cxxx folio, in qua tractatur materia de confessione fienda vel non fienda proprio sacerdoti.

Habetur cxxx fol.

O — Privilegium concessum Carmelitis, quod aliis ordinibus Predicatorum et Minorum concessum, est super predicationibus faciendis, confessionibus audiendis, obventionibus, faciendis etc.

Item ut fratres possint, a quo maluerint episcopo, ordines recipere.

Cavetur in cxxx et cxxxi foliis.

(*fol. 60 r°*) *A* — Tria documenta, quibus cavetur quod fratres ordinis Hierosolimitani sunt exempti ut non possit ordinarius, auctoritate ordinaria, sententiam excommunicationis vel interdicti in eos, aut clericos eorum vel loca promulgare.

Habentur cxxxi.

§ VI — UNIONS ET FONDATIONS D'ÉGLISES

B — Institutio subsacriste in Ecclesia Lodovensi, et unio ecclesie Sancti Andree ecclesie Beati Genesii parrochiali, quibus duabus debet deservire ipse subsacrista;

Et ibidem habes de emolumentis et officio ipsius subsacriste.

Habetur in cxxxii et cxxxiii et cxxxiiii foliis.

C — Institutio ecclesie parrochialis Sancte Marie de Foderia, cujus capellanus debet accipere curam ab episcopo Lodovensi, et dare in singulis synodis eidem episcopo vi denarios et medaculam, et venire ad synodum, et obedientiam et episcopalem reverentiam per omnia ei exhibere.

Actum anno 1157 tempore domini Gaulcelmi.

Habetur in cxxxiiii folio.

D — Venerabiles patres Ber. olim electus, et Guillelmus, Dei gratia nunc episcopus Lodovensis, donaverunt capelle Beate Marie de Bello loco medietatem decime, ad episcopum pertinentis, in parrochia Sancti Juliani de Avizacio: et nobilis Guillelmus de Lodova miles donavit eidem capelle plura alia bona: quam donationem dictus episcopus G. confirmavit et decretum posuit.

Et ibidem de servicio, quod tenetur facere capellanus ibi institutus.

Cavetur predictum in cxxxv et cxxxvi foliis.

E — Dominus Deodatus, Lodovensis episcopus, fecit ecclesiam parrochialem Beate Marie de Roviniaco ruralem, et parrochianos commisit priori de Euseria, etc.

Et ibidem quod ecclesia Sancti Vincentii de Gutta et Sancti Fructuosi facte sunt rurales *(ajouté par Plantavit: 1308)*.

Habentur instrumenta predictorum cxxxvi usque cxxxix foliis.

F — Frater Jacobus, episcopus Lodovensis, creavit officium subsacriste in Ecclesia Lodovensi, ordinando officium ejus et emolumenta officii.

Item ponitur ibidem collatio ipsius subsacriste, facta per dictum episcopum et Capitulum, et collatio cure animarum per episcopum solum. (*Ajouté par Plantavit*: 1318)

Cavetur predictum, cxxxix usque ad cxli.

(*fol. 60 v°*) *G* — Dominus Guillelmus, episcopus Lodovensis dedit ecclesiam Sancti Vincentii de Masonis, fratribus religiosis ordinis Grandimontis, Lodovensis diocesis.

Postea ponitur presentatio, facta per correctorem domus Sancti Michaelis dicte domus, de vicario pro regenda ecclesia Grandimontis, quem recepit dominus Berengarius episcopus Lodovensis, anno m° cc° nona°°, 3° nonas junii.

Continetur in cxli ad cxliii foliis.

§ VII — DROITS DE JUSTICE, TAXES, DIMES ET REVENUS

Réglements de saint Louis

H — Aliqua speciantia ad libertatem ecclesiarum, in statutis sancti Ludovici contenta.

Primum quod excommunicati contumaces, qui per annum in excommunicatione perstiterint, ex tunc temporaliter compellantur.

2°. Decime ecclesiis restituantur.

Senescali jurabunt cuilibet (quilibet ?), secundum suorum judicium, consilium ministrare.

Item de blado aut aliis mercibus non alienandis.

Item de Judeis.

Item de non engariatione rerum, personarum ecclesiasticarum, sine expresso consensu.

Ne ballyvi aut alii molestent Ecclesias.

Item de fractione pacis, aggressoribus itinerum.

Postea pónuntur reformationes per Philippum Francorum regem.

Habentur omnia ista exliiii usque ad cxlix inclusive foliis.

Divers actes

I — Sentencia criminalis contra unum religiosum abbatie Sancti Salvatoris Lodove.

Cavetur cl.

K — Quomodo et sub quo numero debent exire in exercitu tam cives Lodove quam alii de terra episcopi et feudalium suorum.

Habetur in cl et cli foliis.

L — Ponuntur articuli contra prelatos, propositi coram Philippo, rege Francie, in palacio Parisiensi, anno m° ccc° xxix, 1 mensis septembris, et similiter responsio prelatorum.

Item juramentum quod facit rex in coronatione sua.

Continentur predicta in clii usque ad clxii foliis.

Imposition des tailles

(fol. 61 r°) *A* — Quando cives voluerint imponere, exponant episcopo vel ejus vicario causam imponende tallie; et comparebunt xx^{ti} de magis apparentibus, qui nominabunt seu presentabunt 4^{or} ad imponendum talliam; et hi 4^{or} tenebantur prestare juramentum, et collectores seu levatores qui fideliter talliabunt, colligent et levabunt. Et si secunda levanda sit tallia, et dubitetur de prima si juste expensa fuerit, iiii^{or} cives adhuc presentabunt, qui jurabunt fideliter audire rationem tallie precedentis et fideliter relaturos episcopo.

Et postea tallie facte sic per curiam domini episcopi distringuantur ad instantiam predictorum, si de assensu majoris partis ipsius universitatis facte fuerint; quod sic esse credatur, nisi infra octo dies ducenti de universitate se opposuerint. Quo facto, per episcopum aut suos populus congregetur.

Cavetur istud clxv et clxvi.

Cour séculière de Lodève, tailles, etc.

B — Curia secularis Lodove habeat baculos consuetos, qui in curia teneantur, cum quibus cives alium seu alios citent, etc.

Habetur clxvi folio.

C — Quando serviens mittetur ad citandum aliquem, habebit unum denarium a faciente citari.

Et in sui institutione jurabunt officium fideliter exercere.

Cavetur clxvi fol.

D — Electi ad conservandum cupas et levandum jurabunt, in manu domini episcopi vel suorum, se id quod ratione earum pervenerit, fideliter conservare pro universitate predicta er eas expendere pro negocio universitatis, nisi contra episcopum, vel Capitulum vel personas eorum, salvis etiam juribus, aliorum;

Salvo etiam quod liceat episcopo, et Capitulo et personis Capituli vendere blada cum sexterali et eminali ipsorum sine aliqua prestatione.

Cavetur in clxvi et clxvii foliis.

E — Prohibetur transferre cupas seu jus percipiendi eas in aliquam personam sine consensu episcopi.

Habetur in clxvii folio.

(fol. 61 v°) F — Universitas Lodove tenetur solvere, singulis annis in perpetuum, pro cupis episcopo Lodovensi sexaginta libras turonenses, per hos terminos: scilicet in festo sancti Egidii xxx⁎ libras, et in die carniprivii xxx⁎.

Et si aliqua de dictis solutionibus cessaretur per octo dies, liceat episcopo ad manum suam ponere.

Habetur in clxvii folio et clxviii.

G — Que pena debetur, si baculi non teneantur in curia Lodove.

Et quantum debent habere servientes a collectore tallie;
Quid jurare debent cuparum custodes.
Ista sunt in clxviii et lxix foliis.

H — Licet universitati Lodove habere domum ad tenendum cupas, sextairale et folia, non tamen ad faciendas congregationes ibidem sine consensu episcopi.
Cavetur in |c|lxix folio.

I — Quando cives Lodove volent pro suis negociis imponere talliam, xx de magis apparentibus civitatis exponant episcopo causam propter quam talliam ipsam facere volent et quantitatem ipsius.
Quo facto episcopus a predictis exponentibus recipiat juramentum.
Et quatuor etiam ab illis xx presentibus jurabunt, ut prius dictum est. et cum moderamine adjecto.
Cavetur in clxix et clxx [foliis].

K — De baculis tenendis in curia: quid servientes habere debent et quid jurent.
Habetur in clxxi folio.

L — Quomodo cupe servari debent. et quid electi ad hoc facere debent; ubi cavetur que pars cuparum quondam domini episcopi feudalis existet. quam custodes cuparum, nomine universitatis. recognoscent tenere in feudum ab episcopo Lodovensi, et pro ea eidem juramentum fidelitatis prestabunt semel, mutato episcopo. requisiti.
Et poterit curia domini |episcopi| procedere contra illos, qui super fraudatione cuparum fuerint denunciati.
Cavetur in clxxii folio.

(*fol 62 r°*) *A* — Custodes cuparum solvere tenentur, annis singulis, pro dictis cupis episcopo Lodovensi sexaginta libras turonenses, ut predictum est: tamen remissio facta est his qui prius non satisfecerant.
Habetur clxxiii folio.

— 72 —

B — Pena pro baculis dum in curia non inveniuntur, et quid habent servientes pro tallia distringenda.

Cavetur in clxxiii, clxxiiii [foliis].

C — Eligi debent custodes cuparum post processionem et post sermonem in die Ramarum: et si ibidem non sit episcopus vel ejus vicarius, differtur electio ad festum sequens.

Et debent jurare collectores in manibus domini episcopi, quod fideliter colligent dictas cupas, et integraliter reddant servatoribus earumdem etc.

Item licebit univesitati habere domum ad cupas et folia reponenda: in qua domo non fient congregationes.

Habetur clxxiiii et clxxv [foliis].

D — Capitanei civitatis Lodove jurant ad sancta evangelia quod officium exercebunt, per tempus concessum illis, fideliter; et quod nullum potentiorem episcopo, absque licentia episcopi, introducent, et quod claves nulli tradent, nisi in manibus suis.

Continetur juramentum in clxxvi folio.

Cens synodal

(*fol. 62 v°*) *E* — Ecclesie que dant synodaticum et quota solvenda: ponitur in clxxvi folio. Et summa totius synodi est septem libre ix solidi vi denarii et obolus.

De qua summa recipit archidiaconus lx solidos ix denarios et obolum.

Item archipresbiter vi solidos v denarios obolum.

Et episcopus recipit iiii^{or} libras ii solidos et v denarios obolum in duabus synodis.

Habentur ista in clxxvi folio.

Revenus des nobles du diocèse

F — Redditus nobilium diocesis Lodovensis, præter dominum Clarimontis et dominum de Ceratio, quando faciunt talliam seu collectam, sunt extimati per eos communiter ad summam triginta milium solidorum turonensium.

Continetur ubi supra.

Serment des gardiens du sceau de la ville

G — Sigillarii Lodove jurant coram episcopo ad sancta evangelia, quod erunt fideles ipsi episcopo et universitati, et quod sigillum fideliter custodient; promittentes quod nihil ipso sigillo sigillabunt. nisi litteras salutatorias et non obligatorias.

Habentur clxxvi

1250 - Cession faite à l'évêque par le prieur des Rives

H — Anno Domini m° ii° l, xii° kalendas septembris, dominus Guillelmus, episcopus Lodovensis. ordinavit quod rector ecclesie parrochialis de Rippa percipiet medietatem decimarum cujuslibet bladi et omnium leguminum, carnalagii, lane et caseorum, feni. ortalagii et rapparum; et aliam medietatem predictorum omnium percipiat episcopus: et in omnibus majus dominium sit episcopi.

Item donavit episcopo rector de Rippa omne jus quod habebat dicta ecclesia infra castrum de Rippa, exceptis domibus capellanie supradicte.

Item cessit episcopo idem rector extra villam tres ortos, et eorum dominium, et usaticum. et quamdam domum Fulcranni Tornerii, que omnia sunt sub area episcopali. in quibus habebat dicta ecclesia vii denarios censuales.

Habetur in clxxvii folio.

1234 - Accord entre l'évêque et le précepteur de Nébian

(*fol. 63 r°*) A — Anno m° ii° xxxiiii, v° ydus madii, dominus Petrus. episcopus Lodovensis, dereliquit preceptori Hospitalis de Nebiano omnes decimas tam bladi quam vini, quam aliarum rerum. quas percipiebat in parrochia de *Sal-*

vasargues, et in parrochia Sancti Juliani de Nebiano.

Et dictus preceptor dereliquit imperpetuum predicto episcopo omnes decimas tam bladi quam vini, quam aliarum rerum, quas percipiebat in parrochia Sancti Martini de Caneto.

Preceptor de Nebiano tenetur facere procurationem pro dicta ecclesia de *Salvasargues*; sed episcopus non vadit ad locum veterem, sed venit ad capellam Sancti Martini de Podio Augerii.

Tempore autem domini Gaucelmi, episcopi Lodovensis, per arbitros ordinatum est, quod dictus preceptor debet tenere in feudum ab episcopo Lodovensi turrem de Podio Augerio et alias fortias, que ibi fierent in futurum, etc.: pro qua tunc et fortia de Laussono et aliis, si que ibi fierent, preceptor predictus tenetur juramentum fidelitatis et recognitionem facere domino episcopo, cum per ipsum fuerit requisitus de predictis.

Caventur predicta in clxxvii folio.

§ ACTES OMIS OU DÉJA INSÉRÉS

B — Habitatores molendini et domorum situatorum in ecclesia parrochiali Sancti Michaelis de Domasano facti sunt parrochiani Sancti Johannis de Lenteneriis, auctoritate domini Berengarii, Lodovensis episcopi, anno m° cc° lxxxviii, domino Philippo rege Francie regnante.

Habetur in clxxviii folio.

C — Anno m° cc° lxxxvi, xi kalendas decembris, dominus Berengarius, episcopus Lodovensis, fecit capellam Beate Marie de Novacella parrochialem.

Cavetur ibidem.

Mai 1326   Quatre ordonnances de Bernard Gui

D — Anno m° iii° xxvi, in mense maii, dominus Bernardus, Lodovensis episcopus, creavit archipresbiteratus offi cium, ordinans esse tantum officium et non dignitatem; qui tamen statum in choro et vocem in Capitulo habeat post archidiaconatum, sacristam et precentorem;

Et univit supradicto archipresbiteratui prebendam ecclesie de *Fanabregol* et parrochialem ecclesiam Beate (*fol. 63 v°*) Marie de Salsis Lodovensis diocesis; proviso quod in eadem ecclesia perpetuus constituatur vicarius, qui curam habeat animarum, cui de proventibus ejusdem ecclesie talis porcio assignetur de qua congruam possit sustentationem habere, hospitalitatem servare, procurationem episcopalem, synodaticum et cathedraticum, et alia jura episcopalia solvere.

Item ordinavit quod plena collatio pertineat ad solum episcopum, qui conferet uni de xiii canonicis ordinariis, ac per Sedem Apostolicam confirmatis, et nulli alii.

Cavetur clxxix folio

E — Dominus Bernardus, episcopus Lodovensis ecclesiam parrochialem Sancti Petri de Avoyracio univit archidiaconatui, proviso quod in eadem ecclesia perpetuus constituatur vicarius, qui curam habeat animarum, et sibi de proventibus ecclesie talis porcio assignetur, de qua possit congruam sustentationem habere, hospitalitatem servare, procurationem episcopalem, synodaticum et cathedraticum ac cetera jura episcopalia et alia incumbentia onera [solvere].

Item quod archidiaconatus predicti plena collatio ad solum episcopum pertinebit, qui dabit alicui de canonicis xiii ordinatis, anno m° ccc° xxvi, in mense maii.

Habetur in clxxx folio.

Et idem factum est de ecclesia de Guta unita precentorie. fol. clxxxi.

F — Declaravit arbiter quod sacrista nomen est officii non dignitatis in Ecclesia Lodovensi.

Actum ut supra.

Invenitur in clxxx et clxxxi foliis.

Compte des décimes

G — Transcriptum compoti decime biennalis, facti seu redditi in camera compotorum Parisius.

Habenturtranscripta in clxxxij usque clxxxv foliis.

Convocation de l'évêque au synode provincial.

H — Citatio qua citatus fuit episcopus Lodovensis vel ejus vicarius comparere in synodo sive consylio provinciali Narbonnensi anno mº cccº li.

Habetur in clxxxvi.

Paiement d'albergue par les fermiers de Rouvignac

(fol. 64 rº) A — Renderii Beate Marie de Roviniaco solverunt in synodo Pascalis iiiiºr solidos melgorienses, ratione albergi, quam faciunt in synodo pascali annuatim aliqui de dicto loco.

Actum anno mº lxvii, die xxix maii.

Cavetur in folio collato clxxxvi.

Serment des conseillers de l'hôpital

B — Consiliarii hospitalis pauperum jurant ad sancta Dei evangelia in manibus episcopi, quod fidele consilium super regendis bonis hospitalis Lodove; quod si defectuosum hospitalarium cognoverint, episcopo vel ejus vicario revelabunt.

Habetur in clxxxvi folio.

Serment des marqueurs de drap.

C — Electi ad sigillandum pannos civitatis Lodove jurant ad sancta Dei evangelia in manibus episcopi, quod diligenter officium exercebunt, et quod tantum pannos sufficientes et mercandabiles sigillabunt, emolumenta fideliter levabunt, et bonum compotum episcopo vel ejus receptori faciant et reddant.

Habetur ut supra.

ACTES AJOUTÉS POSTÉRIEUREMENT

Union de Saint-Jean-de-la-Blaquière à la mense épiscopale

D — Unio Sancti Johannis de Plevis alias de Blaqueria episcopali mense facta est per dominum Martinum papam: et dominus Petrus, Lodovensis episcopus, creavit ibi vicarium perpetuum, pro regenda cura animarum, ad collationem episcopi: cui, pro vita ejus et juribus episcopalibus solvendis, debet prefatus dominus episcopus quartum sextarium frumenti, ita quod episcopus, si tria recoperit sextaria, vicarius recipiat quartum: et hoc de frumento, ordeo, avena, aliis, leguminibus et granis, necnon de lino, canapio, omni ortalicio, herbis et fructibus, et aliis excrescentibus in ortis et viridariis, et aliis terris quibuscumque dicti loci.

Item quod de vino recipiat quintum.

Item anno quo ibi fuerint tres saumate olei integre, vicarius habeat unam; quando vero non erunt integre, idem vicarius non recipiet nisi mediam: et si minus fuerit quam due saumate, tertiam partem recipiet: si tantum unam saumatam, quartam partem: et si minus una saumata, totum in iiii^{or} partes dividatur, et ipse vicarius quartam partem [recipiat].

Item de feno et paleis, et aliis pasturis, quartam partem vel quartum denarium recipiet, si arrendetur: non arrendabitur tamen vicarius suam quartam partem, nisi volet: nec poterit per episcopum compelli.

(*fol. 64 v°*). Item de carnulitico, videlicet cupretis, agnis, lana et caseis recipiet vicarius quartam partem;

Sed ipse vicarius solvet expensas quas pro quarta et decima partibus fieri contigerit et pro una saumata: si tantum fuerit minus una saumata, pro hujusmodi parte olei non solvet expensas.

Item dedit episcopus vicario campum sive olivetam, juxta aquam Margarite, et ortum seu viridarium ipsius ecclesie, et inibi facere ortum, ut erat antiquitus.

Tinellus tamen domus debet episcopo remanere, prout confrontatur, nisi ipse vicarius edificare vellet; quo facto, edificare poterit, salvo tamen quod a porticu lux non auferretur, quin in ipso porticu inferiori videri possit pro prandendo et cenando: salvo etiam quod si unus vel duo pro negociis episcopi illic morarentur, de herbis et fructibus in viridario seu orto excrescentibus, pro usu ipsorum uti possent; et similiter de omnibus utensilibus domus, tempore vindemiarum, si causa vindemiarum aliquem illuc mitteret episcopus.

Item vicarius, recipiet totum manuale, salvo quod de intorticiis et de candellis, que ponderabunt quartam partem unius libre seu ultra, que per annum offenditur (=offeruntur) aliqua causa, episcopalis mensa recipiet medietatem. Cocullarum autem et sudariorum telle que offerri contigerit, medietatem recipiet vicarius et alteram medietatem fabrica ecclesie.

Episcopus autem retinuit campum dictum *la Parada*, cum columbario et area in eo existentibus, ac usatica, et omnia alia et singula, que non sunt specialiter assignata dicto vicario.

Medietatem decime quando imponetur, vicarius solvet.

Item vicarius solvet procurationem, hoc modo ut in libro posito (=ponitur).

Alia autem jura episcopalia solvet vicarius. (*Plantavit a ajouté*: 1430).

Habentur predicta in toto penultimo codice duorum codicum, in fine libri viridis appositorum, a clxxxvi folio usque ad cxcv folio.

F — Dominus Petrus, Lodovensis episcopus, prohibuit sub pena excommunicationis et x librarum, ne aliquis, quocumque tempore, intra ecclesiam vel ecclesias exemptum vel non exemptas dyocesis Lodovensis, ducat animalia bruta, equina, mulina etc., causa ludi vel truffe.

Utrum autem vel non ludi vel truffe sint permittende, voluit quod recognitioni staretur vicarii vel officialis·

Actum in castro Montisbruni, anno m" iiii" xxxiii.

Habetur in 2ª folio ultimi codicis, additi in libro viridi, in exevi folio.

(*fol. 65 rª*) *A* — Dominus Petrus. Lodovensis episcopus. fecit publicari monitionem per ecclesias sue dyocesis. ut qui ab eo aliquid tenere in feudum deberent domos, vineas, campos, etc., et qui absque debita juramenti fidelitatis prestatione aut homagii consueti illa detinebunt, haberent debitum facere, et nulli alteri facere homagium etc.

Et hec monitio fuit potissime pro loco de Nizacio, Bitterrensis diocesis. (*Plantavil a ajouté*: 1432).

Habetur in 3ª fol. ultimi codicis appositi in libro viridi in exevii [folio].

B — Episcopus habet omnimodam provisionem duarum capellaniarum majorum:

Unius scilicet institute per Capitulum Ecclesie pro servicio altaris Sancti Genesii in choro in parte dextra.

Similiter conferat capellaniam majorem. ordinatam pro anima quondam Johannis Cambonis canonici.

Similiter confert unam capellaniam de majoribus, institutam per quondam Bertrandum Guiraudi. Anno m" cccc" x".

Habetur registrum predictum collationum episcopi et canonicorum de majoribus prebendis in iiiiª. v et vi foliis ultimi codicis appositi in libro viridi.

C — Porcio seu quota pecunie quam debet dare episcopus, singulis annis, in tribus festivitatibus Pasche. Natalis Domini et Sancti Genesii; et etiam quota aliorum denariorum puta in quolibet predictorum festorum c solidos.

Item in quolibet dictorum festorum cuilibet canonico. in ipso festo personaliter existenti, duos solidos. et cuilibet ecclesie ipsius cappellanorum xviii denarios;

Sacriste septem solidos turonenses:

Et pro usaticis Villenove xx^{ti} vi solidos x denarios et obolum.

Habetur in viii et ix foliis ultimi codicis.

D — Contra episcopum Turbinum fuit dominus episcopus Lodovensis resasiatus; qui dicto Turpino prohibuit ne ipse et sui in ecclesia corr[e]jarent.

Habetur in fine libri in cciii et cciiii fol.

E — Notarii jurant conficere instrumenta secundum veritatem;

Quod secreta non revelabunt:

Non conficiant instrumenta de contractu usurario:

Quod de omnibus retinebunt originale;

Quod erunt fideles episcopo:

Quod ira vel amore nil in instrumentis addent vel minuent.

Generaliter facere quod vocatus notarius tenetur;

Istud in copertorio libri ad intra et in fine totius libri.

FIN DU LIVRE VERT

APPENDICE

S'ensec la recepta que prend chascun an un canonge residen en Lodevo.

Et primo de bon blad

En blat al gran granio . . . . lviii cest. et emino.
Plus pro leguminibus . . . . ii cest.
Plus pro vino albo . . . . i cest.
Plus pro supplemento usatgiere . . . . ii cest.

Sivado

De l'usatgerio . . . . xxiiii cest.
Plus al gran granio . . . . vi cest.

Oli

En oli . . . . una botada

Sal

En sal . . . . v cest.

Los pes et lengue de biou . . . . per turnum

Argen

Chascun jour per lo general doze denies,
    que monto per an . . . . xviii l. v s.
Plus per lo augment quotidie, sieis den.
    que monto per an . . . . ix l. ii s. vi d.

Plus por los festos et obits fondats sus
     lo general per tout l'an . . . . . . vi l. viii s, vi. d.
Plus quada jour de dimenge dos denies viii s. viii d.
Plus per los capitols generals . . . . . . iiii l. x s.
Plus per sa part de las autros grandos
     festos . . . . x l.
Plus per lo vestiari . . . . x l.
Plus pro auditione compotorum . . . . . iii l. xv s.
Plus pro ciceribus albis . . . . xii s.
Plus per la oudition des contes de l'usatgio, dos lieuras et
dos cest. de sivado.
Plus doutze quintals de paillo.
Plus xviii lieuras de fromatge gras.
Plus detz petits fromatges en vendemios.
Plus als et sebos.
Plus de vin. vii muechs, v palieros et vii farrats.

Soma: lo blat, lviii cest. emino.
       sivado, xxx cest.
       argen, lxviii l. v s. viii d.

(Chap. de Lodève R. II, fol. 386 r°).

Tous ces actes sont tirés de deux registres, qui ont appartenu au
Chapitre de Lodève, et se trouvent aux Archiv. Départ. de l'Hérault.

1240 — Lou drech del cesteiral de Lodeva.

Et es a notar que, al grand libre dels Privileges de Monseur de Lodeve, es escrich que de tout lou gazan que se fay
al cestayral, de las causas que se vendon, tam dins lous
hostals que deforas la cieutat de Loudeva, ou al barri de
Montbrun, del divendres a myech jour fins al dimenge mati
seguen, apporten a Monseur de Lodeva et a Guilhen de
Lodeva; et daquel gazan non prenon res lous hostes.
Item tout san que se vend de foras lous lougisses, et se

mesure al cestairal, tout lou gazan s'apertcn als dietz sci-
gnors.

El es a notar que so que se compra ou vend deforas los
logisses, non se deu mesurar dins los diets logisses, affin
que losd. seignours non sian fraudats, ou aultrement los
hostes serian pugnits; et tout so que on a dich dessus.
s'entend de la mesura de tous blads et legums.

Item de las castanhas, glands, nogas, amenlas, pommas,
peras, nesplas, sorioysas, prunas, codons, mielgranas, rabas
et de tous autres fruicts que venon a saumadas a la plassa
et mercat, desquals fruicts lou cestairal ne pren una couppa,
et de cada saumada; et si se mesuran al cestairal, de cada
restia prengon una couppa.

El es a notar que touts los diets fruicts dessus nominats,
exceptat lou blat et legums, se devon mesurar al cesteyral
de la civada.

Item de cada saumada de rusca, que se vend dins la cieutat de Lodeva, ou deforas fins al fluvi de Herau, los diets
seignors prenon dos couppas de la propria mesura de la
rusca.

Item de chacuna saumada de sal que ven a Lodeva sen
pren una couppa, si en la dicta saumada y a plus de una
eymina; et la dicta couppa se devesis en tres partidas: la
una pren Monseur, et l'aultra Guilhen de Lodeva, et l'autra
lou commun de Sanct Gineys.

El es a notar que de toutas las causas sus dictas, exceptat
de la sal et de la rusca, se pren de cada causa una couppa.
et de una eymina miege couppa; et tout aquel gazan, excep-
de la sal, comma es specificat dessus, se devesis entre Monseur, et Guilhen de Lodeva.

Item es a notar que de tout so que se mesure dins los tres
jours, so es la vigielia de sanct Genies et lou jour, et lou len-
deman de sanct Ginies, tout lou drech se acqueris als dites sci-
gnors, incares que se mesure dins las maisons ou de foras.

El aussi es a notar que personne non dey mesurar res
dins Lodeva de foras sa maison, ambe aultra mesura que
an la mesura de Monseur.

Item es a notar que personne que non a mayson propria dins Lodeva, non deu res mesurar sinon an la mesura de Monseur.

Item es a notar que dengun cieutadou de Lodeva ou aultre non deu prestar son eyminal als aultres ne a dengun, per vendre ni comprar res, ou per prestar per recougnoisse; car aquo seria per far préjudici als dicts seignors, ne dengun non deu prene de las d. tes mesuras l'un de l'autre.

Item dengun cieutados de Lodeva non deu comprar res que non se mesure al cestairal desd. seignours.

Item dous fraires ou compaignous, ensembles demorans et possedens communamen los bens, podon tant que demoraran ensemble, tenir un eyminal entre elses; et aquo se enten se los dicts fraires ou compaignous an maison dins Lodeva, car aultrement non podon tenir eyminal; et puis que auran devesit los bens entre elses, non podon pas tener un eyminal commun entre elses.

Lou cesteyral del froment deu tener xxvi couppas rasas, comme lo cestier se mesure al ras.

Item lou cesteyral de civada, et tout so que se vend al cesteyral de la civada, deu tenir xvi eyminas commolas per so que ainsi se mesura la civada et toutas las aultras causas, exceptat lo froment et legums et sal que se mesura al ras.

Item per so que los cieutados, que an mayson proprias, podon vendre sos fruicts tam sollament dins lurs maysons an lurs eyminals.

Es ben a notar que non podon res comprar an son eyminal sia dins leurs maysons ou deforas, mais devon anar querre lou eyminal de Monseur.

Item aquelles que nou an hostal dins Lodeva, mais lou tenon arrentat, se fan hostalaria ly apparten la mytat de las couppas del blat et des autres fruits que se vendon dins los dicts logis per les estrangiers, ainsin comme aquelos que an mayson propria non podon pas tenir eyminal, mais sollament las petitas mesuras.

Aysso es extrach del propri original del grand libre dels Privileges de Monsour de Lodeve.

(Chpitre de Lodève, T. II, fol. 219).

Droictz deub par le seigneur évesque de Lodève et sieurs chanoines et bénefficiers de l'esglize cathédralle de Lodève le jour de leur nouvelle entrée et réception.

So dessous escrich dieu l'avesque de Loudeve per son intrada a la Egliza cathedralla de St Genieys de Lodeve per drech et per coustuma.

La cappella fournida de quatre cappas per los regens in choro; plus dos cappas per los dos assistens et une per l'avesque; un palu de veloux per lou grand auta au devant deld. evesque; plus deu albo, amict, estollo, manipol, cordou et dos dalmaticos rouges de satin, ou blancos, casubla de mesme coulour; pius autres dos dalmaticos per lo diacre et soubsdiacre: plus un calix d'argen subredaurat, dos candaliers un bassin. dos pintolotz et ensensies, lou tout d'argen fi et net.

Plus deu per son intrada a la fabrique de l'esglize St Genieys de Lodeve trente et cinq ducatz; dieu als enfans de cœur sieys ducatz: deu al bedel sieys ducatz, lou tout per son intrada, saus lou drech des chantres et escapoulies.

Lous canonges devon per intrada una cappa fina a douze ducatz.

Plus devon a la fabrique de la gleiza de St Genieys lour patron cinq ducatz.

Plus devon un obit fins a trente licuras ts., deportados entre las mans del procuraire delz obitz, per la mettre en rendo.

Plus un escut alz enfans de chor.

Plus un escut al bedel:

Lou tout avant esse ressauput en Capitoul.

Lous beneficiatz mages, per intrada, dos escutz petitz a

la fabrique, dix sols als enfants de coeur, dix sols al bedel.
Lous petitz benefficiatz, per mitat des mages.

(Chapitre de Lodève, R. 1, fol. 318 r').

Sec se la coustume et drech del pez de Lodeva

Item es escript al grand libre des Privilieges de Monseur
de Lodeva, que dengun de Lodeva non deu aver ne tener
dengun quintal ni miech quintal, exceptat que agen mayson
en ville, sinon le quintal del dict seignour de Lodeva.

Item es determinat que de chacun pes que se fa al quintal, et de cada quintal Monseur prend un denier per son
drech et aquo de toutas causas tant villas que pretiousas.

Item es determinat que dengun cieutadou ni aultre non
pot res comprar dels estrangiers, que non se peso al quintal de Monseur et non a autre, ne aussi pauc de aquelles
que demoron a Lodeva se non an aqui hostal propri.

Item es determinat que si aucun de Lodeva vend res als
estrangers ou compra dels estrangiers, que los dicts estrangers devon paguar lo drech del pes.

Item es determinat que dengun cieutadou encaras que aja
mayson propria a Lodeva, non deu vendre res que non se
pese al pes de Monseur, exceptat quand vend sas causas proprias.

Item nengun cieutadou non deu prestar a aultre son romma ne pes per comprar ne vendre, ni dengun non lou deu
anar improntar; et se on fan, seran pugnits.

Item quand seria lou cas que aquel que ten lou quintal
de Monseur et autre pes, non trobaria son quintal, adonc
pot prene lou romma de qualq'un de la ville, per pesar a
un chacun so que volran pesar; et tont lou drech deld. pes
se apperten al rendies de Monseur de Lodeve.

Item es determidat que dos habita[us] de Lodeve ou plu-
sors non podon aver en commun, sinon que fosson fraires

demoraus ensemble, et aquo se non an mayson a Lodeve: autrement non.

Item dengun non pot prestar son romina on roumana a aultruy per pesar las causas que preston la un a l'autre; car se on fan, Monsour los pot pugnir.

Et aytal s'entend de las causas que un chacun vol pesar en sa maison per las recognoistre, affin que d'engun fraud non sia fach al dict seignour.

Et faut notar que lou quintal de Lodeva au loqual se pesa lou plomb, deu pesar cxii licuras, et lou quintal en qui se peson toutes autres causas, deu pesar cent licuras, et non plus.

(Chapitre de Lodève, R. II, fol. 223 r°).

Modus decimandi in parrochia Sancti Felicis de Leratio.

Prior ecclesiae parrochialis Sancti Felicis de Leratio debet esse monachus, et hujus beneficii collatio spectat ad abbatem monasterii Casae Dei apud Arvernos. Facit procurationem episcopo Lodovensi visitanti, et venit ad synodus.

Cura vero animarum confertur per episcopum sacerdoti seculari, sibi presentato per dictum priorem.

Antiquitus dominus episcopus percipiebat ibi certas partes decimae cum dicto priore; sed nunc Capitulum Lodovae, qui loco dicti domini episcopi habetur, percipit cum dicto priore integram decimam tam bladi, leguminis, quam lanae, casci et totius carnalagii; sed unusquisque in diversis tenementis et mansis.

Nam prior habet totam decimam in dominicaturis *la Domergadure*. Dominicatura vero continet totum campum *del Noguie, tous lous Camblassesr,* et *Clausalzs, las Combes* et *Faisses* de longo ad longum, et devesium de Monte alto, quod est ante dictum locum.

Tota autem decima mansi de *Lambertes*, mansi *Audran*, pertinet ad Capitulum, excepta primitia priori debita.

Totus mansus de Sancto Felice, qui protenditur a recta strata de vallato Novem Fontium ad Cailarium, et ab alia strata tendente ab iter *Molinduc*, et dictum iter *Molinduc*, tota decima pertinet ad dictum priorem in solidum.

Item totum carnalagium cum lana est dicti prioris in tota parrochia.

Mansus de *Messier* et de Maderiis dividitur inter priorem et Capitulum, ita ut de frumento prior percipiat de septem garbis sive manipulis quatuor, et Capitulum tres; de ceteris vero granis et leguminibus unusquisque habet medietatem.

(Chapitre de Lodève, R. 1, fol. 283 v°).

Modus decimandi in ecclesia et parrochia de Salasco.

Prior ecclesiae Sancti Genesii de Salasco et Capitulum Lodovae percipiunt in solidum totum jus decimae et primitiae omnium bladorum, granorum, leguminum, vini, olei, foeni, carnalagii, lanae, agnorum, hoedorum, etc.

Ita tamen ut dictus prior percipiat in dicta parrochia de septem cestariis frumenti, siliginis et mixturae, tria cestaria; et Capitulum, quatuor cestaria;

De septem cestariis civatae sive avenae, dictus prior habet unum cestarium tantum, et dictum Capitulum sex cestaria.

In oleo vero, foeno, vino, lana, agnis, hoedis habet quilibet medietatem.

Et preterea dictus prior percipit ex integro totam decimam lini, canapis, et porcellorum, si qui sint.

Item totum illud jus decimae bladorum et leguminum, excrescentium in quodam terminio vocato *del Mouli*, spectat ad dictum priorem tantum secundum confrontationes ibidem positas et limitatas.

Habet praeterea dictus prior pratum, domui claustrali cum horto contiguum, et quaedam usatica et laudimia.

(Cgapitre de Lodève, R. 1, fol. 282 v°).

Modus decimandi in parrochia Beatae Mariae de Salsis et ejus annexae Sancti Privati

Prior ecclesiae parrochialis Beatae Mariae de Salsis et Sancti Privati illius, annexae et Capitulum Lodovae percipiunt ab antiquo totam decimam omnium fructuum, in eadem parrochia excrescentium tam in blado, frumento, vino, oleo, carnalagio, lana, agnis, capreis, foeno. etc., ità tamen ut Capitulum dictae Ecclesiae Lodovensis habeat e septem cestariis frumenti, siliginis, misturae et aliorum granorum, quae in manipulis seu garba colliguntur, quatuor cestaria, et dictus prior, tria cestaria tantum.

In palmola, item ordeo, mistura et leguminibus. et aliis granis percipit etiam dictum Capitulum e septem cestariis, que decimantur in area cum mensura, quatuor cestaria. et prior tria.

In vino, item foeno, oleo, tres partes dictus prior, et Capitulum quatuor.

De lana vero, hoedis, agnis et de omni carnalagio medietatem quilibet; sed de porcellis percipit solus prior integram decimam.

(Chapitre de Lodève, R. 1, p. 282 r°).

De forma sive modo decimandi in parrochia Sancti Fructuosi alias Sant Frichous.

Ecclesia Sancti Fructuosi parrochialis est et curata; ad collationem domini Lodovensis episcopi.

Dicta parrochia habet in se duos mansos, scilicet mansum de *Sant Frichous* et mansum de Laulano, qui est citra Lirgam.

Prior dictae ecclesiae et dominus episcopus percipiunt integras decimas; sed dictus prior in solidum percipit totam decimam olei, foeni, lanae et totius carnalagii;

Item vini, alliarum, ceparum et porcellorum;

Item fructuum omnium, excrescentium in campis et olivetis dominicaturae sive proprietatis, quae sunt subtus ecclesiam predictam, juxta confrontationes viarum quae ibidem terminantur.

Et haec omnia ad dictum priorem spectant.

Habet praeterea dictus prior unum campum, cum certis olivariis, qui est de dote antiqua ecclèsiae; de fabrica etiam alterum contiguum dictae ecclesiae.

De blado vero, tritico, siliginé, avenà, mixtura, et omni alio genere bladi, quod colligitur in spica sive garba, habet dominus episcopus e septem garbis sive cestariis tria, et dictus prior quatuor cestaria sive garbas.

De ordeo vero, palmola, fabis, leguminibus, et aliis granis, quae, postquam contusa fuerint, decimantur in area, habet quilibet iporum medietatem.

Est a noter, que le disme de l'huille se prend en olive dans le moulin de onze semals une: les dix demeurent au peisan, et la onzième au prieur;

Le vin, de mesme:

Le bestail ne paie point de prémice; si fait, le blé.

La tozelle, mixture, et avoine se prend de sept cestiers quatre par le prieur, et trois par l'évèque.

Les pois, vesses, fèves, lentilles, vaires, cèses, geisses, orge, paumolle, et autres légumes se partagent esgallement.

Et sic vidi fieri.

(Chapitre de Lodève. R. H. fol. 365 v°).

Modus decimandi in parrochia et ecclesia Sancti Stephani de Othone.

Prior ecclesiae parrochialis Sancti Stephani de Othone et Capitulum Lodovae habent totam decimam et primitias omnium fructuum, excrescentium in dicta parrochia.

Sed Capitulum percipit e septem manipulis in agro sive garbis collectis tres tantum, et dictus prior quatuor.

In aliis vero bladis, scilicet palmola, ordeo et omni genere leguminum, que contusa decimantur in area cum mensura, habet quilibet medietatem.

In vino etiam, feno, agnis, hoedulis, lana et omni carnalagio medietatem quilibet.

Sed totam decimam olivarum habet in solidum dictus prior.

Preterea percipit dictus prior in certis dictrictibus. qui proprietates sive dominicaturae vocantur, ex integro totam decimam.

Et etiam sunt alii quidam loci, in quibus fabrica dictae ecclesiae percipit medietatem decime, et prior aliam medietatem, ut videre est in libro qui penes operarios et dictum priorem in membrona scriptus asservatur; in quo dicti loci et districtus suis confinibus et metis definiuntur.

Habet etiam dicta fabrica pratum de Dadepenedus(?) subtus ecclesiam.

Et dictus prior aliud pratum cum horto contiguo, et quedam usatica cum laudimiis, que omnia sunt de antiqua dote ecclesiae praedictae.

Item habet totam decimam canapis. lini, porcellorum et pullorum et ceparum.

(Chadire de Lodée, R. II. fol. 302 v°).

1er octobre 1253 — Donatio prioris Sancti Mauricii jurisdictionis altae et bassae de Novacella, episcopo Lodovensi cum certis retentionibus.

Noscant praesentes pariter et futuri, quod ego Hugo Aurioli, rector ecclesiarum Sancti Mauricii et Sanctae Mariae de Novacella, Lodovensis diocesis, scio, et in veritate, ex certa scientia confiteor, et cognosco coram vobis, domino Guilhelmo, Dei gratia Lodovensi episcopo, inspecta et intellecta utilitate predictarum ecclesiarum, me tenere a vobis in feudum, et sub dominio vestro habere omnia et singula bona, possessiones, honores, sive sint homines, sive feminae domus sive agri, vineae, prata, ripariae, terrae cultae et incultae, pensiones sive usatica, pascua, patua, nemora, silvae, aquae, arbores fructiferae et infructiferae, et quaelibet alia bona et jura quae ego, nomine dictae ecclesiae Sanctae Mariae de Novacella, et in parrochia ipsius ecclesiae habeo, teneo et possideo, seu quasi possidere, habere debeo, seu visus sum habere et tenere et possidere.

Et quia ad utilitatem ipsius ecclesiae non possum in praedictis jurisdictionem temporalem utiliter exercere, ut ipsam ecclesiam debeatis vos et omnes successores vestri specialiter in aliis suis juribus deffendere et tueri, dono et concedo vobis et omnibus successoribus vestris in perpetuum in dicta villa de N[ov]acella, et omnibus praedictis, per totam dictam parrochiam et in tota dicta parrochia, bannum, poenas pro effusione sanguinis, pro adulterio et pro homicidio, et pro omnibus delictis in ipsis supradictis, firmantias, cohertiones, et executiones omnis jurisdictionis majoris et minoris pleno jure in omnibus delictis supradictis et singulis, retentis tamen [michi] et omnibus successoribus meis, in omnibus praedictis usaticis, concilio et laudimio, fermantias et commissionem *(sic)* personalium actionum in pecuniariis causis, et illarum que, ratione rerum praedictarum, civiliter continget agitari.

Praedictam autem recognitionem donationem et sessionem', per me et omnes successores meos, ratam et firmam semper habebo, et contra numquam veniam, nec faciam venire aliquo modo vel jure, nec aliquis arte vel ingenio, concilio vel auxilio meo.

Et sic promitto et convenio vobis, jam dicto domino Guilhelmo, Dei gratia Lodovensi episcopo, stipulanti pro vobis et successoribus vestris, per haec sancta Dei quatuor evangelia, a me gratis corporaliter tacta.

Sub quo sacramento, omni juri scripto et non scripto, divino et humano, speciali et generali, edicto et edendo, promulgato et promulgando, prorsus ex certa scientia renuntio.

Et nos Guilhelmus, divina miseratione episcopus Lodovensis, per nos et omnes successores nostros, praedictam recognitionem et concessionem recipimus a té, dicto Hugone, et pro ipsis; praedictam ecclesiam in aliis suis juribus habendis et custodiendis absque juris injuria deffendemus.

Et haec omnia supradicta et singula fuerunt acta in ecclesia Sanctae Mariae de Novacella, anno Dominicae Incarnationis millesimo ducentesimo quinquagesimo tertio, videlicet kalendas octobris, regnante domino Lodovico rege Francorum. His omnibus et supradictis et singulis fuerunt isti testes, a partibus vocati, Petrus archipresbiter Lodovensis, Joannes de Claparedis canonicus Nemausensis, Reimondus de Leratio miles, Guilhelmus Roca bajulus dicti domini episcopi, Guilhelmus de Salada domicellus, et ego Guilhelmus Artmandi, publicus castri de Caslario Lodovensis notarius, qui, de mandato dicti Hugonis Aurioli et dicti domini episcopi, haec omnia praedicta et scripsi et signum meum apposui.

(Chap. de Lodève, R. II, fol. 427 r°).

25 novembre 1286. — De institutione capellae de Nova-cella cum cura animarum.

Anno Incarnationi[s] Domini millesimo ducentesimo octua-gesimo sexto, et (undecimo kalendas decembris, regnante domino Philippo rege Francorum, noverint universi quod nos Berengarius, Dei miseratione Lodovensis episcopus, atten-dentes capellam Beatae Mariae de Novacella nostrae diocesis tantum distare ab ecclesia Sancti Mauricii, in cujus parrochia dicta capella consistit, quod a rectore dictae ecclesiae com-mode officiari non potest, nec populo circa dictam capellam habitanti idem rector ministrare ecclesiastica sacramenta;

Et de voluntate Hugonis Aurioli, rectoris ecclesiae Sancti Mauricii, et magistri Petri Dominici procuratoris ejusdem, ad hoc specialiter constituti, quod ego dictus Petrus procura-tor verum esse fateor et cognosco;

Statuimus et etiam ordinamus, ut in dicta capella capel-lanus perpetuus ordinetur, et nobis et successoribus nostris per rectorem dictae ecclesiae Sancti Mauritii quotiens ipsam capellam vacare contigerit, praesentetur, et a nobis et succes-soribus nostris curam recipiat animarum omnium habitantium infra vallem de Novacella, de loco vocato Comba roceta, usque ad confrontationes mansi de Ponte, ubi confrontatur cum manso de *las Felityeras:*

A quibus omnibus parrochianis idem capellanus de Nova-cella omne parrochiale percipiat et decimas, et primitias, et quinta, vineas, hortos, domus, et possessiones et omnes om-nino alios fructus et redditus, quos et quae ecclesia Sancti Mauritii seu rector ejusdem infra dictam vallem et confron-tiones praedictas consuevit percipere et habere, cum laudimiis et usaticis terrarum et possessionum, quae tenentur ab eccle-sia de Novacella praedicta.

Item volumus et ordinamus quod si aliquis parrochianorum ecclesiae Sancti Mauritii in cemeterio, quod est juxta capel-lam praedictam, eligerit sepulturam, ibi debeat libere sepeliri absque exactione aliqua, ratione canonicae portionis vel alia quavis causa: et quidquid devotione fidelium oblatum fuerit ad ipsam capellam de Novacella pertineat pleno jure.

Item volumus et etiam ordinamus, quod dictus Hugo et successores sui in dicta ecclesia Sancti Mauricii, in festo Sancti Genesii, annis singulis, dent et dare teneantur capellano capellae de Novacella quinque sextaria frumenti et quinque sextaria palmolae, in villa Sancti Mauritii, ad mensuram consuetam ibidem;

Et in signum dominii, capellanus dictae capellae reddat et reddere teneatur fideliter, rectori ecclesiae Sancti Mauritii et successoribus ejus, medietatem cerae candelatae, quae obveniet dictae capellae in vesperis Nativitatis Beatae Mariae et festo, et in vigilia et festo Beatae Mariae.

Et idem capellanus teneatur interesse vesperis, matutinis, missae et aliis horis canonicis in vesperis et festo Sancti Mauritii, et in mensa.

Quae capella sit ecclesiae et parrochiae Sancti Mauritii cum parrochianis, et aliis omnibus superius dictae capellae assignatis.

Post haec, magister Petrus Dominici, procurator dicti rectoris, procuratorio nomine ejusdem, praesentavit dicto domino episcopo, Joannem Seguini diaconem, in capellanum capellae Beatae Mariae de Novacella superius memoratae.

Qui dictus dominus episcopus dictum Joannem. ad ejusdem magistri Petri Dominici procuratoris praedicti praesentationem, capellanum instituit in capella de Novacella praenotata.

Acta sunt haec in hospitio episcopali Lodovae, et horum sunt testes domini Bernardus Dutranni, Raymondus Boti, Michael Ambairani, Deodatus Meissonerii, Bernardus *Sablier*, et magister Deodatus Petri, publicus notarius Lodovensis, qui de praedictis notam sumpsit et scripsit.

Vice cujus *etc.*

(Chap. de Lodève, R. 11, fol. 128 v°).

1236 — Fundatio cappellaniae Petri Punchura in claustro Sancti Genesii.

Notum sit omnibus hominibus haec audientibus, quod anno ab Incarnatione Domini millesimo ducentesimo trigesimo sexto, secundo idus augusti, nos Petrus, Dei gratia episcopus Lodovensis, et Arnaudus de Cantobris archidiaconus, et Astulphus sacrista, et Berengarius precentor, et Raimundus de Roquosello canonici, et Raimundus Azemarii, et Raimundus Petroneti, et magister Guido Oldebertus, Guillelmus de Claromonte, et Joannes de Poreto, et magister Raimundus Verdelii ejusdem Ecclesiae canonici, nos omnes, pro nobis et pro omnibus successoribus nostris, damus, concedimus, et in perpetuum laudamus, amore Dei et intuitu pietatis, tibi, Petro Punchera, dilecto nostro, cum magna devotione et humilitate petenti, victum in claustro uni cappellano, quem nunc nos elegerimus, et quem post mortem suam vel nostram successores nostri elegerint, qui pro te et anima tua, et matre tua, et parentibus tuis, et fidelibus defunctis, divina teneatur officia, quando poterit, celebrare:

Et tibi stipulanti bona fide promittimus, quod pro te et nomine tuo, in dicto claustro et in dicta communia, semper unum capellanum tenebimus, cui in victu necessaria, prout aliis cappellanis ministrantibus, et pro vestitu eidem capellano triginta solidos melgorienses annuatim, in vigilia Domini dabimus;

Et ad hoc totum fideliter adimplendum, nos et omnes successores nostros, et ecclesiam Sancti Genesii et communiam tibi, jam dicto Petro Punchura, in perpetuum obligamus et inde te in Dei fide et nostra recipimus.

Et scimus et in veritate confitemur, quod tu, dictus Petrus Punchura, obtulisti, intuitu pietatis et causa elemosinae dictae communiae, ad relevaudum onus dicti sacerdotis, quatuor mill[i]a solidorum melgoriensium, quae in honoribus et possessionibus acquirendis dictae communiae fideliter expendimus; et ut haec omnia perpetuam habeant roboris firmitatem, hanc chartam nos canonici sigillo communitatis duximus roborandam.

Hujus rei testes sunt Petrus Martinus, Raimundus de Arbussa, Joannes Boneti, magister et succentor qui haec scripsit.

(Chap. de Lodève, R. 1. fol. 313 v°).

1236. — Recognitio tertiorum Capituli Lodovae.

In nomine Domini. Anno Incarnationis ejusdem millesimo ducentesimo trigesimo sexto, nono decimo kalendas septembris, regnante Ludovico rege Francorum, noscant universi presentes pariter et futuri, hanc chartam publicam audituri, quod nos Petrus, Dei gratia Lodovensis episcopus, et hac praesenti carta semper valitura legimus firmiter et cognoscimus, et causa cognita confitemur vobis, Arnaudo de Cantobris archidiacono, Astulpho sacristae, Berengario Gauberto praesentori, Aldeberto Senhoreto, Raimundo Petroneto, magistro Raimundo Azemario canonicis Lodovensibus, quod ipsum Capitulum et communia Sancti Genesii Lodovensis habuit tenuit, et possedit tanto tempore cujus non extat memoria, habet, tenet pacifice et possidet et quiete quosdam redditus qui tertii seu tertia vulgariter nuncupantur, supra decimis ecclesiarum Lodovensis diocoesis infrascriptarum, qui vel quae solvuntur et solvi debent Capitulo et communiae Sancti Genesii supradictae, annuatim a nobis pro parte decimarum a laicis acquisitarum, quam nos percipimus a rectoribus ipsarum ecclesiarum, et pro parte quam ipsi percipiunt.

Et quia de his ad plenum nobis constat, ex inspectione instrumenti concessionis sive donationis, factae dictae communiae de redditibus supradictis, a beato Fulcranno olim antistite Lodovae;

Et etiam ex privilegio domini papae Alexandri tertii super hoc obtento;

Et ex fama celebri et communi;

Et insuper ex concessione rectorum ipsarum ecclesiarum coram nobis et Capitulo Lodovensi, propter hoc specialiter vocato, solenniter facta sicut inferius continetur;

Justis postulationibus debito annuentes a (=cum) ascensu, praedictos redditus, scilicet tertios, vel tertia, vobis canonicis et toto Capitulo et communiae praedictae concedimus, laudamus, et in perpetuum confirmamus per nos et per omnes successores nostros, super omnibus decimis omnium ecclesiarum infrascriptarum, tam super illis decimis quas nos percipimus, vel alii ex concessione nostra percipiunt.

Inhibentes et statuentes sub interminatione divini judicii ne quis unquam imposterum contra praedicta vel aliquid praedictorum, venire audeat vel attentet.

Nomina autem ecclesiarum et rectorum ipsarum, necnon et quantitatem tertiorum, ad quam singulae ecclesiae tenentur, ad perpetuam memoriam duximus inferius exprimenda.

1 — Anno quo supra, nono kalendas julii, magister Guido, rector ecclesiae Sancti Andree de Sangonis, confessus fuit et recognovit coram dicto domino Petro, Lodovensi episcopo, et Capitulo Ecclesiae supradictae, ad hoc vocatis, quod communia Sancti Genesii Lodovae habet et recipit super decimis dictae Ecclesiae Sancti Andreae nomine tertii annuatim viginti sexteria frumenti, viginti sexteria hordei tertialia, et viginti sexteria vini ad mensuram communiae praedictae.

Testes hujus recognitionis et confessionis, a dicto magistro Guidone factae, fuerunt magister Bernardus succentor, Poncius de Malo, Guillelmus Coste, Guillelmus *Servolas*, Hugo Airaudi, Guillelmus rector ecclesiae de Ceiracio, sacerdotes.

2 — Anno et die quo supra, praesentibus et audientibus testibus supradictis, Guillelmus *Servolas*, rector ecclesiae Sancti Martini de Urseirolis, confessus fuit et recognovit coram domino episcopo et Capitulo supradictis quod commu-

nia Sancti Genesii Lodovae habet et percipit, nomine tertii, annuatim super decimis ecclesiae Sancti Martini supradictae, decem sexteria frumenti, decem sexteria hordei tertialia.

3 — Anno et die quo supra, dominus Petrus, Lodovensis episcopus, et Guillelmus, rector ecclesiae Sancti Saturnini de Ceiratio, confessi fuerunt et recognoverunt, coram Capitulo ad hoc vocato et in presentia testium suprascriptorum, quod dicta communia Lodovae habet et percipit, nomine tertii, annuatim supra decimas dictae ecclesiae de Ceiratio quadraginta sexteria frumenti, quadraginta sexteria vini ad mensuram dictae communiae.

4 — Anno et die quo supra, G[u]illelmus de Curtibus, rector ecclesiae Sancti Saturnini de Luciano, confessus fuit et recognovit, coram domino episcopo et Capitulo supradictis, et in praesentia et testimonio thestium praedictorum, quod communia Sancti Genesii Lodovae habet et percipit, nomine tertii, annuatim super decimis parrochiae dictae ecclesiae Sancti Saturnini, quadraginta sexteria frumenti, et quadraginta sexteria hordei tertialia.

5 — Anno et die quo supra, Martinus Pastor, rector ecclesiae Sancti Fructuosi, confessus fuit et recognovit, coram domino episcopo, et Capitulo et thestibus supradictis, quod dicta communia Sancti Genesii habet et percipit, nomine tertii, annuatim super decimis parrochiae ecclesiae supradictae, decem sexteria frumenti, et decem sexteria hordei tertialia et viginti sexteria vini ad mensuram dictae communiae.

6 — Anno et die quo supra, Guillelmus de Manso, rector ecclesiae Sancti Petri de Avoiratio, confessus fuit et recognovit, coram domino episcopo, et Capitulo et thestibus suprascriptis, quod communia Sancti Genesii Lodovae habet et percipit, nomine tertii, annuatim supra decimis dictae ecclesiae de Avoiratio, quadraginta sexteria frumenti, et quadra-

ginta sexteria hordei tertialia et quadraginta sexteria vini ad mensuram dictae communiae.

7 — Anno et die quo supra, Raimundus de Sancto Amantio, rector ecclesiae Sancti Pauli Claromontis, confessus fuit et recognovit coram episcopo, et Capitulo et testibus supradictis se dedisse, nomine tertii, communiae Sancti Genesii Lodovae pro tertia parte decimarum parrochiae dictae ecclesiae, a laicis acquisitarum, tertiam partem viginti sexteriorum frumenti, et viginti sexteriorum hordei tertialium, et viginti sexteriorum vini ad mensuram dictae communiae.

Et dictus dominus, duas partes: et hoc idem confessus fuit et recognovit dictus dominus episcopus coram Capitulo et thestibus supradictis, scilicet se dedisse et solvisse dictae communiae, nomine tertii, duas partes pro decimis dictae parrochiae a laicis acquisitis.

8 — Anno et die quo supra, dictus dominus episcopus confessus fuit et recognovit coram Capitulo et thestibus supradictis, quod communia Sancti Genesii Lodovae habet et percipit, nomine tertii, annuatim super decimis parrochiae Sancti Sipriani de Subertio, viginti sexteria frumenti et viginti sextaria hordei tertialia.

9 — Item confessus fuit et recognovit dictus dominus episcopus, anno et die quo supra, coram Capitulo et thestibus supradictis, quod dicta communia habet et percipit, nomine tertii, annuatim super decimis parrochiae Sanctae Brigidae, septem sexteria frumenti, et novem sexteria hordei tertialia.

10 — Anno et die quo supra, Berengarius de Avisatio, rector ecclesiae de Rogatio, confessus fuit et recognovit, coram episcopo, et testibus et Capitulo supradictis, quod communia Sancti Genesii Lodovae habet et percipit, nomine tertii, annuatim super decimis parrochiae ecclesiae supradictae, a laicis acquisitis, viginti sexteria frumenti, et viginti

sexteria hordei tertialia, et viginti sexteria vini ad mensuram dictae communiae.

11 — Anno et die quo supra, Guillelmus Mafredi, rector ecclesiae Sancti Vincentii de Masonis, confessus fuit et recognovit coram episcopo, et Capitulo et thestibus supradictis, quod communia Sancti Genesii Lodovae habet et percipit, nomine tertii, annuatim super decimis ecclesiae supradictae viginti sexteria frumenti, et viginti sexteria hordei tertialia.

12 — Anno et die quo supra, decimo kalendas julii, Raimundus Murati, rector ecclesiae de Gorjano, confessus fuit et recognovit coram Stephano Fabro praecentore, a domino Petro, Dei gratia Lodovensi episcopo, specialiter ad hanc confessionem et recognitionem, et ad subsequentem nomine ipsius recipiendam constituto, et coram Aldeberto Senhoreto, decano et procuratore communiae Sancti Genesii Lodovae, pro ipsa communia has confessiones et recognitiones recipiente, quod ipsa ecclesia de Gorjano dare debet dictae communiae Lodovae, nomine tertii, annuatim quindecim sexteria frumenti, et quindecim sexteria hordei, et triginta sexteria vini ad mensuram dictae communiae.

Testes hujus confessionis et recognitionis rogati et vocati fuerunt Pontius de Manso, Raimundus Tuso, Guillelmus Costa, Petrus Martini sacerdotes.

13 — Anno et die quo supra, Petrus, rector ecclesiae de Avanasco, confessus fuit et recognovit, coram Aldeberto Senhoreto et Stephano Fabro procuratoribus, et thestibus superius in proxima confessione et recognitione inscriptis, quod dicta ecclesia de Avanasco dare debet et dat annuatim, nomine [tertii], communiae Lodovae decem sexteria frumenti, et decem sexteria hordei tertialia, et decem sexteria vini ad mensuram dictae communiae.

14 — Anno et die quo supra, Petrus, rector ecclesiae de Domasano, confessus fuit et recognovit coram Berengario

Gauberto praesentore, et Aldeberto Senhoreto, decanis et procuratoribus communiae Sancti Genesii Lodovae, et coram dicto Stephano Fabro, a dicto domino Petro, Lodovensi episcopo, super hoc constituto, quod dicta ecclesia de *Domasan* debet dare et dat dictae communiae Lodovae annuatim, nomine tertii, viginti sexteria frumenti, et viginti [sexteria] vini ad mensuram dictae communiae.

Thestes hujus confessionis et recognitionis fuerunt Hugo Airaudi, Pontius de Manso, Guillelmus *Servolas*, Petrus Martini, Raimundus Tuso sacerdotes, et Guillelmus Costa.

15 — Anno quo supra, quarto idus julii, Bernardus *Bedes*, rector ecclesiae Sancti Joannis de Valle [de Lestencleriis], confessus fuit et recognovit coram domino Petro, Lodovensi episcopo, et Berengario Gauberto praesentore, et Aldeberto Senhoreto, decanis et procuratoribus dictae communiae Sancti Genesii Lodovae, pro ipsa communia hanc recognitionem recipientibus, quod dicta communia habet et percipit annuatim, nomine tertii, super decimis dictae ecclesiae de Valle, viginti quatuor sexteria vini ad mensuram dictae communiae.

Thestes hujus recognitionis fuerunt Raimundus Astulphi canonicus Lodovae, magister Ber[n]ardus succentor. Raimundus Tuzo, Petrus Martini, supradictus de Manso, sacerdotes.

16 — Anno quo supra, septimo kalendas septembris, Petrus de Rivis, rector ecclesiae Sancti Privati de Navis, confessus fuit et recognovit coram domino Petro episcopo et Capitulo ejusdem, quod ipse tenetur dare, nomine dictae ecclesiae, communiae Sancti Genesii Lodovae, pro tertio, annuatim hocto sexteria bladi, scilicet quatuor frumenti et quatuor hordei mercadalia, delata apud Lodovam, in domum communiae praedictae, loco viginti quatuor sexteriorum vini, quae olim dicta ecclesia dare consueverat, nomine tertii, annuatim dictae communiae.

Et haec permutatio tertii supradicti facta fuit per Raimundum Bartholomeum, archipresbiterum Lodovae, de voluntate et consensu utriusque partis, scilicet dicti rectoris et dicti Capituli, in praesentia domini episcopi et de voluntate ejusdem.

Thestes hujus confessionis et recognitionis fuerunt magister Bernardus succentor, Petrus Martini, Stephanus Faber, Hugo Airaudi, Guillelmus Coste, Joannes de Sancto Fulcranno, Raimundus de Neviano, Guillelmus *Servolas*, Raimundus Bartholomeus archipresbiter Lodovae, Raimundus Tuso sacerdotes.

17 — Anno quo supra, decima quarta kalendas septembris, Anthonius, rector ecclesiae Sancti Martini de Monte petroso, confessus fuit et recognovit coram Capitulo Lodovae ad hoc vocato, et coram Stephano Fabro, procuratore a domino Petro, Lodovensi episcopo, ad hanc recognitionem recipiendam et ad confessionem nomine ipsius faciendam constituto, pro parte decimarum a laicis acquisitarum, quas ipse percipit in parrochia dictae ecclesiae, quod ipse Anthonius rector dedit et persolvit communiae Sancti Genesii, per viginti et quinque annos pacifice et quiete continue, pro tertia parte decimarum a laicis acquisitarum, quam percipit nomine dictae ecclesiae, tertiam partem tertii, scilicet tresdecim sexteria frumenti et tertiam partem unius sexterii, et tantumdem hordei tertialia, et tresdecim sesteria vini puri et tertiam partem unius, annuatim ad mensuram dictae communiae. Quam recognitionem dixit se fecisse dictus rector, salvo jure ecclesiae supradictae.

18 — Item dictus Stephanus Faber procurator confessus fuit et recognovit, nomine dicti episcopi et de mandato ipsius, coram dicto Capitulo, quod Petrus episcopus vel alius nomine ipsius solvisset et debet solvere annuatim, pro duabus partibus, dictae communiae, decimarum a laicis acquisitarum, quas percipit ipse dominus episcopus in parrochia Sancti Martini [de Monte petroso] supradictas duas partes tertii, scilicet viginti sex sexteria frumenti, et duas partes unius sexterii, et tantumdem hordei tertialia, et viginti sex

sexteria vini puri, et duas partes unius sexterii ad mensuram dictae communiae.

Thestes hujus confessionis et recognitionis a Stephano Fabro procuratore et rectore predictis factae, fuerunt magister Guillelmus succentor, Petrus Martini, supradictus de Manso Raimundus de Noviano, Guillelmus Coste, Guillelmus *Servolas*, Raimundus Tuso, Hugo Airaudi, Joannes de Sancto Fulcranno sacerdotes.

19 — Anno quo supra, idus augusti, Raimundus archipresbiter Lodovae, rector ecclesiae Sancti Stephani de Gorgacio, confessus fuit et recognovit coram domino Petro, Lodovensi episcopo, et Berengario praesentore, decano et procuratore dictae communiae, quod ipse solvit communiae Lodovae, quamdiu rector dictae ecclesiae extitit, annuatim nomine tertii, pro dicta ecclesia de Gorgacio quadraginta sexteria frumenti, et quadraginta hordei tertialia et quadraginta vini ad mensuram dictae communiae.

Thestes recognitionis et confessionis fuerunt Arnaudus de Cantobris archidiaconus, magister Guido canonicus Lodovae magister Guido succentor, Guillelmus Coste, praedictus de Manso, Hugo Airaudi, Petrus Martini, Guillelmus *Servolas* sacerdotes.

20 — Anno et die quibus supra, coram domino episcopo et Berenguario praesentore, decano et procuratore communiae praedictae, et coram thestibus proxime scriptis, Guillelmus Faber, rector ecclesiae Sancti Genesii de Furnis, confessus fuit et recognovit quod communia Sancti Genesii Lodovae habet et percipit annuatim, pro tertio super decimis ecclesiae de Furnis praedictae sexaginta sexteria de avena tertialia.

21 — Anno et die quo supra, dominus Petrus, Lodovensis episcopus supradictus, confessus fuit et recognovit coram dicto Gauberto, praecentore, decano et procuratore communiae Lodovae, et recognovit eidem et per cum toto

pitulo, quod Capitulum et communia Sancti Genesii habet et habere debet super decimis parrochiae de Nebiano ecclesiae, nomine tertii, annualim sexdecim sexteria frumenti et sexdecim sexteria hordei tertialia et triginta duo sexteria vini ad mensuram dictae communiae.

Praedicta promisit dicto decano et procuratori, nomine dicti Capituli, tam de decimis quas dicta ecclesia de Nebiano percipit in dicta parrochia, quam de decimis quas ipse percipit, vel alius nomine suo, solvet vel faciet solvi integre totum praetium supradictum annualim dictae communiae.

Et propter hoc obligavit dicto decano et procuratori, nomine dictae communiae, omnes decimas quas ipse percipit, vel alius nomine suo percipiet in parrochia supradicta.

Facta fuit haec recognitio praesentibus et audientibus thestibus suprascriptis in recognitione dicti archipresbiteri, et ipso archipresbitero praesente.

22 — Anno quo supra, decimo tertio kalendas septembris, Nicolaus, rector ecclesiae Sancti Mauritii, confessus fuit et recognovit, coram domino Petro Lodovensi episcopo et Capitulo Lodovae, quod communia Sancti Genesii Lodovae habet et percipit, nomine tertii, annualim super decimis ecclesiae praedictae, septem modios bladi et dimidium tertiales, scilicet tertiam partem frumenti, et tertiam partem siliginis, et tertiam partem palmolae vel ex tali blado quale ex dictis decimis perveniet, nisi ubi fuerit palmola.

De quibus solvit dominus episcopus medietatem, et ipse rector aliam dictae communiae annualim.

Quod nos episcopus supradictus confitemur et recognoscimus verum esse, scilicet quod nos solvimus dictae communiae annualim medietatem dicti tertii, pro parte decimarum quas in dicta parrochia percipimus.

Thestes hujus recognitionis et confessionis fuerunt Hugo Airaudi, G. Coste, Joannes de S[to] Fulcranno, R. Tuso, P. de Manso, R. Parailloli, G. *Servolas*, Bernardus Furnerii sacerdotos, Bartholomeus Guillelmus subdiaconus, Bernardus Furnerii diaconus.

23 — Preterea anno et die quo supra, praesentibus et audientibus thestibus proxime scriptis, nos dictus Petrus, Lodovensis episcopus, confitemur et recognoscimus tibi Guillelmo Gauberto praesentori, decano et procuratori communiae Lodovae pro ipsa communia hanc recognitionem recipienti, quod dicta communitas Lodovae habet et percipit annuatim, nomine tertii. super decimis parrochiae ecclesiae de Pruneto, septem modios videlicet modios et dimidium bladi tertiales, scilicet tertiam partem frumenti. et tertiam partem siliginis et tertiam partem palmolae vel de tali blado quod ex dictis decimis perveniet, nisi ibi fuerit palmola.

23 [bis] — Item scimus et confitemur tibi, dicto decano et procuratori, et per te toto Capitulo Lodovae, quod ipsum Capitulum et communia Sancti Genesii Lodovae habet, et percipit et possidet tanto tempore, cujus non extat memoria, pacifice et quiete quasdam decimas, quae tertiales dicuntur in parrochiis Sanctae Mariae de Salsis, Sancti Johannis de Plevis, Sancti Foelicis de Leratio: quas decimas, redditus supradictos, scilicet tertios vel tertia, per nos et omnes successores nostros laudamus, confirmamus, aprobamus, et per in perpetuum confirmamus dicto Capitulo et communiae Sancti Genesii supradictae, et tibi dicto decano et procuratori, pro ipso Capitulo etdicta communia recipienti: et ad majorem hujus rei et omnium praedictorum et singulorum authoritatem et firmitatem, hanc cartam bulla nostra plumbea praecipimus communiri.

Thestes autem praesentis confirmationis, laudationis, aprobationis et confessionis factae per dominum Petrum, Lodovensem episcopum, supradictis canonicis Lodovae, de tertiis seu redditibus supradictis super decimis omnibus praedictarum ecclesiarum, sicut in forma instrumenti continetur, fuerunt Guillelmus Costa. Raimundus Tuso. Petrus Martini, Joannes de Sancto Fulcranno, Stephanus Fabri, Hugo Airaudi

Pontius de Manso sacerdotes Raimundus Furnerii diaconus, Bernardus Columbi scriptor dicti domini episcopi et ego Raimundus de Aspris, publicus Lodovae notarius, qui haec omnia praedicta et singula mandato dicti domini episcopi, scripsi et in his supradictis et singulis interfui et signum meum apposui.

(Chap. de Lodève R. 1, fol. 193 r°).

1257. — De Ecclesia Beatae Mariae de Vacaria

Laudabilia opera, quae interdum, authore Domino, inchoantur, de facili labuntur...

Ea propter nos, Guilhelmus, divina miseratione Lodovensis episcopus, attendentes quantis laboribus et expensis villam de Vacaria nostrae diocesis, quam quondam acquisivimus nobis et nostris successoribus pleno jure, quantumque necessarium ipsam acquirere nobis fuit, volentibus occurrere periculosis casibus ac multis discriminibus in futurum;

Propter hoc nihilominus attendentes quanta necessitas insuper animarum ad construendum ibi postmodum ecclesiam nos induxit, quam ad honorem Beatissimae Virginis Mariae in villa construi fecimus memorata, et eamdem capellam, cum cimiterio quod est prope, postmodum consecratam; firmam spem fiduciamque tenentes, quod tam pium opus tamque laudabile nobis et nostris successoribus, non tantum spiritaliter, sed temporaliter multum offerat commodum et honorem, si ad conservationem supradictae ecclesiae et regimen eidem debite impendendum, et villae etiam supra scriptae oculum direxerimus charitatis, ne quod a nobis utiliter factum est in praemissis, ex defectu deseratur (=deseratur) sive defficiat aliquorum:

Ad honorem Domini Nostri Jhesu Christi, et Beatissimae Virginis Matris dicimus, volumus et statuimus et ordinatione perpetua ordinamus, ut, nostro ac successorum nostrorum nomine et pro nobis et nostris successoribus universis, capellarii capellae seu ecclesiae supra dictae villae de Vacaria in perpetuum habeant et percipiant plene, pacifice et quiete, totam et integram medietatem omnium et quarumlibet decimarum, quas nos vel alius pro nobis habemus et percipimus, percipere debemus etiam vel habere in tota et per totam parrochiam ecclesiae Sancti Maurilii, juxta compositionem inter nos et Hugonem Aurioli, rectorem dictae ecclesiae Sancti Mauricii, super eisdem decimis nuper factam.

Praedictam autem medietatem decimarum novae capellae seu eidem ecclesiae assignamus, sed personaliter capellanis, quos in dicta ecclesia a nobis vel nostris successoribus institui contigerit in futurum; si enim alius quisquam capellanus regeret supradictam, praedictarum to[t]a medietas decimarum ad mensam nostram, ad quam noscitur plenius pertinere, absque contradictione cujuslibet, plene et liberaliter revertatur.

Aliter quidem nolumus, imo expresse potius prohibemus, ut medietatem ullo modo decimarum non habeat aliquis nec percipiat praedictarum, nisi solum qui capellae presbiter fuerit supradictae in eadem a nobis vel nostris successoribus constitutus.

Aliam autem medietatem praedictarum omnium semper habeant, teneant et percipiant nostri et successorum nostrorum bajuli, qui ad custodiam dictae villae, procedente tempore, a nobis vel nostris successoribus fuerint deputati; ita tamen quod ipsi bajuli medietatem dictarum omnium decimarum habeant et percipiant, et in dictae villae utilitatem seu nostram redigant cum nostro et successorum nostrorum speciali concilio et consensu, et de eisdem decimis certum nobis et nostris successoribus annuatim computum reddere teneantur.

Hanc autem assignationem dictarum decimarum, prout superius continetur, postquam Guilhelmus de Bociacis, sacrista Bitarensis qui pro nobis et nostro nomine decimas modo percipit supradictas, percipere ipsas desierit vel habere, volumus et precipimus perpetuo in firmitate debita permanere, salva tamen nobis nostrisque successoribus ac retenta plenaria potestate aliter de dicta decima disponendi, si aliter de dicta decima nobis vel nostris successoribus temporum (= tempore) visum fuerit procedente.

Acta fuerunt haec Lodovae, anno Dominicae Incarnationis millesimo ducentesimo quinquagesimo septimo, videlicet decimo quinto calendas apurilis, regnante domino Ludovico rege Francorum, coram test...us infra scriptis ad hoc vocatis et rogatis, scilicet domino Raimondo de Casellis jurisperito, domino Joanne de Claparedis canonico Nemausensi, domino Pontio de Quadraginta jurisperito, Petro Ricardi sacerdote, Bernardo de Figaris clerico, et me Martino Ademarii, publico Lodovensi notario, qui mandatus haec scripsi et signum meum apposui.

(Chap. Lodève, R. II, fol. 125 v°)

De leudis canonicorum et pedagiis extra civitatem Lodovae et intus.

Communia Sancti Genesii habet in omnibus ovibus e in multonibus, quos homo occidit Lodovae, causa vendendi, unum obolum.

De bovibus et vaccis medietatem linguarum, et pedibus bovinis recipit medietatem de novissimo foro ante Natale usque in novissimum forum ante festum Omnium Sanctorum usque ad forum novissimum Adventus Domini, sint similiter communiae.

In omnibus porcis et in suibus, qui occiduntur in macello Lodovae, habet communia medietatem lumborum causa dominii.

Et tabula, quae fuit Gizarno de Simone, est canonicorum propter allodium; et dimidium pectus de vaccis et de bobus, qui venduntur in illa tabula, sunt communio causa dominii.

In leuda obolorum de omnibus animalibus quae erunt ponidorata, quae ascendunt superius, habeant canonici medietatem oboli, et in alia medietate, quae fuit domini de Fodilione, habeant canonici septimum obolum.

In omni leuda salis habeant canonici tertiam partem; communia et Guillelmus de Lodova aliam tertiam, et dominus episcopus aliam tertiam. Et canonici debent colligere salem; et si hoc faciunt, in qualibet hebdomada habeant quatuor denarios, et de leuda decimam tertiam partem; et si hoc non freiunt, accipiunt tertiam partem propter dominium.

In leuda celilorum accipiunt tertiam partem propter dominium.

In leuda de caseis, de lana, paropsidibus et de caudis, et siphis fusteis et vitreis, et de palis et de pixilibus, et de cepis, et de porris, et piscibus habent canonici medietatem propter dominium.

In omnibus porcis et suibus, et in verribus, et in capris, quae una venduntur Lodovae, habent canonici medietatem leudae propter dominium.

In omnibus bovibus et vaccis que venduntur Lodovae VIIII habent canonici unum obolum, et medietatem tamen alterius propter dominium.

(Chap. de Lodève R. I fol. 313 r)

1355 (n. s. 1356) — Accordium inter venerabile Capitulum et rectores eleemosinae Sancti Blasii super quinquaginta duo cestaria mixturae, debita annuatim dictae confratriae ratione domus Grangiae de Pratis.

Anno ab Incarnatione Domini millesimo trecentesimo quinquagesimo quinto, illustrissimo principe domino Joanne, Dei gratia rege Francorum regnante, die decima sexta mensis januarii, noscant omnes quod, in mei notarii et testium subscriptorum presentia personaliter constituti, venerabiles viri domini Guillelmus Lavernha praecentor, Berengarius de

Villanova, canonici Ecclesiae Lodovensis ac decani venerabilis Capituli ejusdem, dixerunt quod, cum per dominum Guillermum Juliani presbiterum, in dicta Ecclesia beneficiatum, Bernardum Manonde laboratorem, et Guillermum *Figuiere* sabaterium Lodovae, ibidem presentes, ut rectores anni praesentis eleemosinae confratriae confratrum Beati Blasii Lodovae, ac nonnullos alios confratres ipsius confratriae, ipsis dominis decanis ac toto dicto venerabili Capitulo supplicatum extiterit, quatenus dictum venerabile Capitulum ipsis rectoribus, nomine dictae eleemosinae confratriae confratrum Beati Blasii, traderet et liberaret, tradi et liberari faceret, annis singulis, ante festum beati Blasii per quindecim dies, quinquaginta duo cestaria mixturae bladi pro dicta eleemosina facienda.

In quibus dicebant, asserebant ipsi rectores et confratres domum de Pratis eleemosinae dicti venerabilis Capituli eleemosinae praedictae confratriae teneri, et fore ab antiquo obligatam, ex acquisitione seu acquisitionibus per venerabiles dominos Hectorem de Severaco, quondam archidiaconum dictae Ecclesiae, et Guillermum |de| Valhauquesio, quondam canonicum ejusdem Ecclesiae, una cum nonnullis confratribus dictae confratriae, facta seu factis a dicto venerabili Capitulo super dicta domo de Pratis et cum bonis instrumentis;

Ipsi, inquam, domini decani dixerunt, quod, licet ipsis nec dicto venerabili Capitulo plene non constet nisi de acquisitione viginti sex cestariorum mixturae, facta inter duas vices per dictum quondam dominum Guillermum de Valhauquesio, a praefato venerabili Capitulo, pro dicta eleemosina confratriae confratrum Beati Blasii facienda;

Visa namque et coram eisdem dominis decanis ostinsa per rectores memoratos quadam nota, ut dicebant, recepta per magistrum Guillermum Capelli, quondam Lodovensem notarium, in qua continebatur acquisitio aliorum viginti sex cestariorum mixturae, facta a venerabili Capitulo praedicto per memoratum dominum Hectorem de Severaco quondam, ad opus eleemosinae praedictae, quae nota valde est defecluosa, adeo quod instrumentum publicum ex ea extrahi non potest.

Reperto namqué cum quibusdam testibus per ipsos auditis, quod dicta quinquaginta duo cestaria mixturae rectores dictae eleemosinae Beati Blasii a dicto venerabili Capitulo pluribus vicibus recoperant;

Ideo ad purgandam eorum conscientiam et aliorum dicti venerabilis Capituli, dicti domini decani pro se et toto venerabili Capitulo, de voluntate, ut dixerunt, ejusdem venerabilis Capituli, tenore hujus publici instrumenti perpetuo firmiter valituri, sub et cum protestatione infrascripta, voluerunt, et dictis *(sic)* domino Guillermo Figuerie, rectoribus eleemosinae praedictae confratriae confratrum Beati Blasii presentibus, et nomine ipsius eleemosinae et confratrum confratriae praedictae stipulantibus et recipientibus, concesserunt dicta quinquaginta duo cestaria mixturae eisdem rectoribus, et aliis qui pro tempore fuerint, tradenda et solvenda de bonis dictae domus de Pratis dicti venerabilis Capituli perpetuo, annis singulis, ante dictum festum beati Blasii per quindecim dies, pro dicta eleemosina facienda;

Salvo tamen et in omnibus et per omnia, et ante et post protestato per ipsos dominos decanos, nomine venerabilis Capituli praedicti, quod si in futurum reperirentur aliqua instrumenta seu documenta, seu aliqua alia per quae appare- domum praedictam de Pratis ad dicta quinquaginta duo cestaria mixturae exsolvenda, in totum vel in partem, eleemosinae dictae confratriae non teneri, seu ea in totum vel in partem dictum venerabile Capitulum alibi assignasse, quod praesens concessio et omnia universa et singula praedicta ex tunc et ex nunc, sint cassa, irrita perpetuo atque nulla.

Quod dicti rectores grates et gratias de concessione praedicta venerabilibus dominis decanis praedictis refferentes pro se et confratribus dictae confratriae, ita voluerunt praedicta et consenserunt.

De quibus omnibus tam dicti domini decani quam rectores praedictis sibi fieri petierunt et reqaisiverunt unum seu plura publtsa instrumenta, per me notarium insfrascriptum, dictatum et dictata consilio sapientis, quoties necesse fuerit, facti tamen substantia dumtaxat in aliquo non mutata.

Acta sunt haec Lodovae, in domo Capituli novi dictae Ecclesiae Sancti Genesii, in presentia et testimonio venerabilium virorum dominorum Ponsii de Euseria decretorum doctoris, archipraesbiteri et canonici dictae Ecclesiae, Gaillardi de Balahaco, Guiraudi Austorelli praesbiterorum in eadem Ecclesia beneficiatorum, Hugonis Azemarii licentiati in legibus, magistri Augerii Nautosi Lodovensis notarii, et plurium aliorum et magistri Bertrandi de Albernia publici episcopali authoritate Lodovensis notarii, qui de praedictis, ut supradictum est, requisitus notam recepit, scripsit.

Vico cujus *etc.*

(Chap. de Lodève R. I. fol. 314 v°)

1368 — *Fundatio capellaniae de Cibona.*

Anno ab Incarnatione Domini Nostri Jesu Christi millesimo trecentesimo sexagesimo octavo, et die octava mensis madij, dominus Petrus de Cibona, in utroque jure licentiatus et archidiaconus Lodovae, fundavit quandam cappellaniam, in qua voluit quod institutio ad ipsum pertineret;

Et voluit quod ille qui institueretur, esset unus de clericis majoribus, si sit sacerdos; sin autem, quod infra annum promoveatur, et quod cappellanus seu cappellani qui instituentur in dicta cappellania, perpetuam residentiam faciant in civitate Lodovae.

Item ubi cappellanus ipsius cappellaniae absens fuerit ultra mensem a dicta civitate, absque licentia et voluntate dicti Capituli, et absque impedimento et probabili causa, quod ipso jure ipse cappellanus sit privatus dicta cappellania et omnibus juribus ejusdem; et quod venerabile Capitulum seu ipse dominus Petrus archididiaconus, quandiu vixerit, ipsam cappellaniam, cappellano ejusdem sic absente non vocato, alteri conferri possit, juxta et secundum institutionis formam supra scriptam.

1393 — Extrait de transaction passée entre le seigneur évesque de Lodève et le Chapitre de son Église cathédrale, concernant le droict des tierces et pensions deubes par led. seigneur évesque aud. Chapitre.

In nomine Domini. Amen. Noverint universi quod concesso per reverendum in Christo patrem dominum Guillelmum, miseratione divina electum Lodovensem episcopum, honorabili Capitulo Ecclesiae suae Lodovensis ipsis Capitulo super hoc quam plurimum instantibus, quodam publico instrumento de et super infra scriptis, tenore qui sequitur.

Guillelmus, miseratione divina electus Lodovensis, universis et singulis praesentibus pariter et futuris.

Notum facimus per praesentes quod cum dudum fuisset mota controversia inter reverendum in Christo patrem et dominum, dominum Clementem, Dei gratia episcopum Lodovensem quondam predecessorem nostrum, ex una parte; et venerabile Capitulum nostrum Ecclesia Lodovensis ex altera, super eo quod dictus reverendus, qui pro tunc erat auditor Camerae Apostolicae in Romana curia, dicebat et asserebat quod, ratione dicti officii sui, debebantur sibi grossi fructus suae praebendae Lodovae in absentia, licet residentiam aliqualem non faceret Lodovae, et quod Capitulum debebat sibi respondere de eisdem, sicut aliis canonicis privilegiatis respondere consuevit.

Dictum nostrum Capitulum dicebat et asserebat se non teneri respondere sibi de dictis fructibus, nisi residentiam faceret, et (= ut) est moris: quia licet dictus reverendus foret auditor domini camerarii, non tamen erat auditor Papae.

Item esto quod esset auditor Papae, non tamen propter hoc erat proprie de illis familiaribus, qui sunt privilegiati, de recipiendo fructus grossos suarum praebendarum in absentia, sicut illi qui continuo sunt commensales propriis expensis Papae, quia nec idem reverendus esset commensalis, nec expensis Papae.

Praeterea quia ipse nunquam exhibuerat in Capitulo aliquod privilegium super hoc, cum esset de more in Capitulo Lodovensi, quod nunquam Capitulum respondeat alicui de Capitulo absenti, sicut privilegiato, donec primitus ostenso privilegio in Capitulo;

Dictus, inquam, reverendus propterea praetendens quod per aliquos annos Capitulum detinuerat et detinebat fructus grossos ipsi reverendo debitos, et dicebat ea occasione dictus reverendus certos redditus, qui tertia nuncupantur, in quibus dominus episcopus Lodovensis annuatim tenetur eidem Capitulo ratione ecclesiarum infrascriptarum mensae episcopali annexarum; quin imo ex ipsis tertiis aliqua in totum, aliqua pro parte sibi detinuit, et ipsi Capitulo solvere denegavit,

Et sic praefatum Capitulum pro dictis reddilibus, tertiis sibi, et (= ut) praemittitur, per eundem reverendum subtractis et denegatis, necnon etiam quia idem reverendus ex integro non solvebat de certis annatis pensionem quindecim librarum turonensium, in quibus annuatim tenetur dominus episcopus Lodovensis ipsi Capitulo, pro undedim clericis majoribus Ecclesiae Lodovensis dictis annis, videlicet festis Nativitatis Domini, Paschae et Sancti Genesii;

Nec etiam solvebai ipsi Capitulo pensionem viginti sex solidorum decem denariorum, in quibus etiam annuatim tenetur dominus episcopus Lodovae Capituio Lodovae, pro certis usaticis nuncupatis de Villa nova Lodovae.

Dictum Capitulum, super eisdem juribus sibi substractis, intentavit contra eundem reverendum processorium, super quo causa diutius ventilata fuisset, lis et processus agitatus et quampluriui testes producti pro parte praedicti Capituli;

quae quidem lis et causa, adhuc tempore quo promoti fuimus ad Ecclesiam Lodovensem, pendebat in Romana curia.

Et propterea fuimus solemniter et cum instantia debita requisiti, ex parte praedicti Capituli Lodovensis, et per venerabiles et circumspectos viros dominos Joannem de *Vernhe* licentiatum in legibus, praecentorem Lodovae, clericum Came-Apostolicae, Galdelmum de Genestesio et Privatum *Valdit*, licentiatos in decretis canonicos Ecclesiae Lodovensis, ab ipso Capitulo super hoc destinatis, utrum vellemus, ut episcopus Lodovensis, continuare causam et causas, litem et lites supradictas motas et pendentes, facereque partem contra dictum Capitulum, et de praedictis ejus juribus contendere, sicuti praedictus praedecessor noster faciebat; vel potius recognoscendo ipsa tertia et pensiones annuatim eidem Capitulo, die debita per episcopum Lodovensem, vellemus de supradictis tertiis et pensionibus, ipsi Capitulo per episcopum Lodovensem annuatim debitis, integre respondere, ut est meris, praedictis litibus causisque renunciare et ab ipsis penitus desistentes partem non velle facere, seu de dictis suis juribus non contendere.

Eapropter nos Guillelmus supradictus, qui, dum eramus in minoribus, multa hujusmodi causarum et litium plenarie novimus, habita et obtenta ab ipsis requirentibus dilatione competenti ad deliberandum super praedictis per eos requisitis;

Habitis maturo consilio et deliberatione cum prudentibus peritis et expertis;

Et etiam habita sufficienti et plenaria informatione a fide dignis et notabilibus personis, quod à tanto tempore citra, ex cujus contrario memoria hominum non existit, Capitulum Ecclesiae Lodovensis fuit, et erat et est, usque ad tempus supradictarum litium motarum, in quieta et pacifica possessione et saisina, continue et sine interpaulitione, habendi et recipiendi annuatim a domino episcopo Lodovensi, qui fuit et erat pro tempore, sequentes redditus qui tertii nuncupantur.

Primo pro ecclesia Sancti Mauricii de Alajone, decem ces-

teria frumenti, decem cesteria siliginis, decem cesteria pau-
molae, solvenda in loco de Sancto Mauricio.

Item pro ecclesia Sancti Saturnini de Luciano, decem cesteria frumenti, decem cesteria ordei:

Item pro ecclesia Sancti Martini de Montepetroso tredecim,
cesteria *un tiers* frumenti, tredecim cesteria *un tiers* ordei,
et viginti sex cesteria *deux tiers* vini.

Item pro ecclesiis Sancti Fructuosi et de Rovinhaco, quinque cesteria frumenti, quinque cesteria ordei, solvenda pro
ipsis quatuor ecclesiis Lodovae in Capitulo.

Item pro ecclesia Sanctae Brigidae, tria cesteria emina
frumenti, quatuor cesteria emina ordei.

Item pro ecclesia Sancti Andreae de Sangonis, decem cesteria frumenti, decem cesteria ordei et viginti cesteria vini.

Item pro ecclesia de Ceiratio, sex cesteria frumenti, sex
cesteria ordei, et duodecim cesteria vini, solvenda pro istis
tribus ecclésiis in locis praedictis.

Item pro ecclesia de Clar|o|monte sex cesteria *deux tiers*
frumenti sex cesteria *deux tiers* ordei, tredecim cesteria *un
tiers* vini.

Item pro ecclesia Sancti Sixti de Avanusco una emina duas
cenas frumenti, una emina duas cenas ordei et unum ceste-
rium *deux tiers* vini, solvenda pro istis duobus ecclesiis
Lodove in Capitulo videlicet omnia et singula et quaecumque
blada omnium et singulorum tertiorum praedictorum ad
mensuram ecclesialem (*sic*) vina ad mensuram mercadalem.

Item plus annualim pro pensione clericorum majorum
quindecim libras turonenses solvendas videlicet quinque
libras in festo Nativitatis Domini, et in festo Paschae quinque libras et in festo Sancti Genesii alias quinque libras turonenses.

Item plus pro usaticis omnibus vulgariter vocatis de Villanova annualim viginti sex solidos decem denarios obolum
turonenses.

Item plus pro augmento et distributionibus pro quolibet
dominorum canonicorum presentium in festo Nativitatis Domini duos solidos turonenses, in festo Paschae totidem, in
festo Sancti Genesii totidem; et pro quolibet beneficiato ma-

jori decem et octo denarios in quolibet trium festorum, et pro aliis etiam beneficiatis, etiam in eisdem festis, prout in libro viridi domini episcopi continetur.

Item plus in quolibet dictorum trium festorum pro quolibet domino canonico residente, duo ferrata vini; et pro quolibet beneficiato unum ferratum et medium; et pro quolibet diacono unum ferratum vini.

Quae omnia et singula supradicta, prout superius continetur, dominus episcopus Lodovensis consuevit solvere et tradere Capitulo Lodovae plenarie et integre, salva contradictione praefati praedecessoris nostri, occasione denegationis dictorum fructuum suae praebendae in absentia, prout de praemissis, per instrumenta et alias nobis extitit plenarie facta fides.

Igitur omnia et singula tertia et alia superius enarrata recognoscentes fore vera, per nos, quamdiu erimus possidentes, Ecclesiae Lodovae deberi per nos annuatim Capitulo et per nostros successores, per in perpetuum in futurum, dictis litibus et causis per pactum validum et solemne, firma stipulatione vallatum, per notarium infrascriptum, stipulantem pro Capitulo supradicto, renunciamus nomine nostro et Ecclesiae Lodovensis, et promittimus nomine praedicto, quod amplius non geremus ad litigandum causas seu lites praedictas, nec amplius, nec suscitabimus per nos aut per alium quemque.

Mandantes et praecipientes per praesentes venerabili viro domino Jacobo de Malhacio, vicario nostro, ac aliis quibuscumque officiariis nostris, quod de praemissis omnibus et singulis tertiis, pensionibus et aliis quibuscumque superius enarratis et monitis, annuatim respondeant integre Capitulo Lodovensi supradicto in futurum,

Hoc tamen salvo quod remanemus quieti et immunes, nec in aliquo teneamur ipsi Capitulo pro arreragiis, de tempore dicti praedecessoris nostri debitis, de tertiis et aliis supradictis, nec etiam pro expensis dictarum litium, quod salva remaneat actio ipsi Capitulo pro eisdem arreragiis et expensis contra haeredes et executores praefati praedecessoris nostri, aut alium vel alios, prout justitia suadebit.

De quibus omnibus et singulis supradictis voluimus et requisivimus, tam pro nobis quam pro ipso Capitulo, fieri publicum instrumentum per notarium infrascriptum; quod etiam discretus vir dominus Petrus Bernardi, in nostra Ecclesia beneficiatus, dictique nostri Capituli procurator fieri requisivit.

Acta fuerunt haec Avenione in domo habitationis nostrae, die vigesima mensis januarii, anno a Nativitate Domini millesimo trecentesimo nonagesimo tertio, indictione prima, pontificatus sanctissimi in Christo patris et domini nostri, domini Clementis, divina providentia papae septimi anno quinto decimo, praesentibus discretis viris dominis Petro Hugueti, priore parrochialis ecclesiae de Muris Biterrensis diocesis, Joanne de Pleseriis, Joanne Henrici, clericis Beliocensis et Ruthenensis dioecesis, testibus ad praemissa vocatis, specialiter rogatis, et ego Durandus Moynari presbiter Ruthenensis dioecesis, publicus apostolica et imperiali authoritatibus notarius, qui de praemissis omnibus et singulis, dum sic per dominum electum agerentur et fierent, per me praesentem, una cum praenominatis testibus praesens adfui, eaque recepi in notam et publicavi; ideoque in hoc praesenti instrumento publico, manu alterius meo nomine scripto, manu propria me subscripsi, ac ipsam in hanc publicam formam redegi, signumque meum apposui consuetum in testimonium praemissorum rogatus et requisitus.

Ipse, inquam, dominus electus ante hujusmodi praesentis instrumenti concessionem, et in ipsam et post expresse et solenniter fuit ibidem coram me eodem notario, qui dictus requisitus, ut praefertur, recepi instrumentum, solenniter protestatus quod nisi esset ita, sicut in dicto instrumento seriosius continetur, et quod contenta in praeinserto instrumento, in totum vel in partem, minus essent vera, essetque propter hoc aliquod praejudicium sibi et ipsi Ecclesiae suae Lodovensi illatum, seu hujusmodi ipsius domini electi in dicto instrumento contenta confessio, recognitio quovismodo in sui et dictae Ecclesiae et successorum suorum in eadem redundare detrimentum; apparetetque seu apparere posset qualitercumque in futurum de contrario, quod hujusmodi instrumenti concessio confessioque et recognitio ac alia in eodem instrumento contenta nullius roboris existant seu momenti, cum nullo modo fecit:

Dixit et asseruit ibidem dominus electus memoratus quod non fuit nec extitit de mente sua propter hoc sibi nec ipsi Ecclesiae nec mensae suis episcopalibus, nec successoribus suis in ipsum, sicut nec possit aliquod propter hoc posse praejudicium generari.

De quibus omnibus et singulis memoratus dominus electus petiit, requisivit sibi et dictae ejus Ecclesiae fieri unum, duo vel plura instrumenta per me jam dictum notarium infrascriptum.

Acta fuerunt haec Avenione in domo habitationis ipsius domini electi die vigesima mensis januarii, anno a Nativitate Domini millesimo trecentesimo nonagesimo tertio, indictione prima, *etc.*, *comme ci-dessus à peu près dans les mêmes termes.*

(Chap. de Lodève R. II, fol. 138 r°).

1410 — Statutum Capituli factum per dominum episcopum et dominos canonicos, super collationem cappellaniarum, ratione domus canonicalis facienda, in quo describuntur nomina fundatorum cum confrontationibus dictarum domorum.

Universis et singulis tam praesentibus quam futuris fiat notum et manifestum quod nos Joannes, Dei miseratione episcopus, et nos Capitulum Ecclesiae Lodovensis, scilicet Guido Fabri sacrista, Guillelmus Aragonis legum doctor praecentor, Jacobus de Maillaco baccalaurens in decretis, Privatus Baldini licentiatus in decretis, Deodatus de Nogareto, Joannes Savalli et Joannes de Rocosello, canonici Ecclesiae Lodovensis, considerantes quod quaedam dudum vaeterae processerunt, quae propter antiqua temporum curricula obscuritatem et dubia reliquerunt, videlicet circa collationes capellaniarum, majorum et minorum sic nuncupatarum, Ecclesiae Lodovensis praedictae, per quos et quomodo conferri debeant, cum eas vacare contingit; et occasione hujusmodi inter nos episcopum et Capitulum et singulos canonicos emergere possunt dubia, quae materiam dissensionis et discordiae possent inter nos generare;

Valentes igitur hoc a nobis propulsare, et pacem, concordiam ac unitatem inter nos nutrire, ut decet:

Animadvertentes quaedam antiqua statuta super his a praedecessoribus nostris fuisse dudum edita sive facta, quae tamen in certis punctis seu partibus eorum reperiuntur per nonnullos, ut contenditur, fuisse intermissa, et forte per inadvertentiam seu negligentiam non servata, seu minus servata bene, et ideo in hujusmodi obscuritatem et dubitationem inducta;

Quorum statutorum unus incipit; *attendentes*, etc.;

Et aliud vero incipit: *Anno Dominicae Incarnationis, millesimo trecentesimo trigesimo tertio, tertia die nostri Capituli generalis Sanctae Crucis mensis maii;*

Et etiam sunt alia contenta in duobus publicis instrumentis;

Quorum unum incipit; *Anno Domicicae Incarnationis millesimo ducentesimo nonagesimo quinto, decimo quarto kolendas februarii*; signatum per magistrum Raimundum *Gaucelin*, publicum Lodovae notarium;

Et aliud incipit: *Anno Dominicae Incarnationis millesimo ducentesimo septuagesimo, septimo kalendas februarii*, signatum per notarium proxime dictum.

Necnon etiam in quibusdam patentibus litteris, super collatione minorum capellaniarum confectis, sub anno Incarnationis millesimo trecentesimo tricesimo. tertia die nostri Capituli generalis Sanctae Crucis mensis maii, sigillatis bonae memoriae domini Bertrandi episcopi Lodovensis sigillo, et etiam sigillo Capituli antedicti;

Quapropter nos episcopus et canonici supranominati, Capitulum facientes, et congregati ac convocati, ut moris est Capitulum convocari et congregari, et capitulantes pro infrascriptis, dicta statuta antiqua declarantes, recursantes et ex nostra certa scientia confirmantes et approbantes pro nobis et successoribus nostris pari consensu statuimus et ordinamus. quod à modo collationes capellaniarum majorum et minorum dictae Ecclesiae Lodovensis, cum et quoties successivis temporibus eas vacare continget, deinceps fiant et fieri debeant, ipsaeque capellaniae conferantur et conferi debeant per singulos canonicos dictae Lodovensis Ecclesiae et eorum successores, ut infra designabitur et describetur:

Primo siquidem archidiaconus dictae Lodovensis Ecclesiae qui nunc est et qui pro tempore erit, conferat per se solum unam capellaniam de majoribus sic nuncupatam, constitutam pro anima Bernardi Senhoreti quomdam, quam modo tenet et possidet Bernardus Adhiberti presbiter;

Ac etiam quod idem archidiaconus conferat per se solum unam capellaniam, de minoribus sic nuncupatam, institutam per Bernardum Belini quomdam, quam modo tenet et possidet Joannes Violete presbiter.

Praecentor quoque conferat per se solum unam capellaniam, de majoribus sic nuncupatam, constitutam pro anima Deiguoguo, quam modo tenet Fertinus de Mojavillo;

Et etiam conferat aliam capellaniam de minoribus dictam, constitutam per Petrum Begonis presbiterum, quam modo tenet Raymundus de Manso presbiter.

Archipresbiter vero conferat per se solum unam capellaniam, de majoribus nuncupatam, institutam pro anima Guillelmi *Sardane,* quam modo tenet Bernardus Ricardi presbiter.

Similiter conferat unam capellaniam, de minoribus sic nuncupatam, institutam per dominum Guillelmum Pereti, quam modo tenet Adam Bacalarii.

Canonicus vero tenens domum seu canoniam, quae vocatur de Pojolis, confrontatam cum cimiterio Sancti Andraeae, et cum domo dicta de Sinagoga, quam modo tenet Privatus Baldini canonicus, conferat per se solum unam capellaniam de majoribus, institutam seu assignatam per Capitulum ad serviendum altari Sancti Genesii, et choro ex parte sinistra, quam modo possidet Bernardus *Gay* presbiter;

Et etiam conferat per se solum unam capellaniam de minoribus sic nuncupatam, institutam per Guillelmum Fulcrumi quomdam, quam modo tenet Joannes Barmosi presbiter.

Canonicus vero, tenens domum seu canoniam, quae vocatur Sancti Joannis, confrontatam cum ecclesia Sancti Andraeae, et cum cimiterio ejusdem, et muro civitatis, et cum canonia Sancti Laurentii, quam modo tenet Joannes Solerii canonicus, conferat per se solum capellaniam, constitutam pro anima Hugonis Martini, quam modo tenet Guillelmus Medici presbiter

, Et etiam idem canonicus per se solum. aliam capellaniam de minoribus sic nuncupatam, institutam per Guiraudum Petri, quam modo tenet Raymundus Molenguedo presbiter.

Canonicus vero, tenens domum seu canoniam quae vocatur Sancti Laurentii, confrontatam cum carceria Sancti Joannis proxime dicta, et cum canonia seu domo archipresbiteri, quam modo tenet Deodatus de Nogareto canonicus conferat per se solum capellaniam de majoribus sic nuncupatam. constitutam pro anima domini Petri Pruchura, alio nomine Petri Benedicti, quam modo tenet Guillelmus Passapierra presbiter.

Similiter idem canonicus per se solum conferat unam de capellaniis minoribus sic nuncupatam, constitutam per Berengarium *Panos*, quam modo tenet Petrus Salberti presbiter.

Canonicus vero, tenens domum que vocatur de Sinagoga, confrontatur cum carceribus domini Lodovensis episcopi, et cum canonia de Pojolis superius confrontata, quam modo tenet Joannes de Roquosello canonicus, conferat per se solum capellaniam de majoribus sic nuncupatam constitutam pro anima Lamauso, quam modo tenet Joannes Baldini presbiter.

Similiter idem canonicus conferat per se solum capellaniam de minoribus nuncupatam, institutam per Petrum *Bol*, quam modo tenet Bernardus Orsaldi presbiter.

. Canonicus autem, tenens domum seu canoniam vocatam de Portali, confrontatam cum domo archidiaconatus, et cum duabus carreriis publicis, quam modo tenet Privatus Robini canonicus, conferat per se solum capellaniam primo constitutam per Bernardum Belini, quam modo tenet Petrus *Ferradenc* presbiter.

Similiter idem canonicus conferat per se solum capellaniam primam, institutamque per Guillelmum de Valauquesio, quæ vocatur Sancti Blasii, quam modo tenet Pontius *Rouquelle* presbiter.

Canonicus vero, tenens domum seu canoniam vocatam de Terundo, confrontatam cum turre majori ecclesiae Sancti Genesii, via in medio, et cum portali dicti Capituli, quam modo tenet Jacobus de Maillaco, conferat per se solum unam de capellaniis majoribus, constitutam pro anima domini Gauselini, bonae memoriae episcopus (*sic*) Lodovensis, quam modo tenet Hugo Jacobi presbiter;

Similiter idem canonicus conferat per se solum unam capellaniam de minoribus, institutam per *Enqualguieyra*, quam modo tenet Joannes Manfredi presbiter.

Canonicus vero tenens domum seu canoniam vocatam Sancti Juliani, confrontatam cum domo archidiaconatus, et cum domo carcerum domini episcopi Lodovensis, quae nunc vacat quia de ea pendet lis in curia romana, conferat per se solum capellaniam de majoribus nuncupatam, constitutam pro anima Guillelmi *Boldon*. quam modo tenet Sabaterii presbiter.

\. Canonicus vero tenens domum seu canoniam, vocatam de Pistoria, confrontatam cum cemeterio Sancti Genesii, quam modo tenet Joannes Polerii, conferat per se solum capellaniam de majoribus nuncupatam, constitutam pro anima domini Clavare, quam modo tenet Guillelmus Barri presbiter.

Simili modo idem canonicus per se solum conferat unam capellaniam de minoribus, institutam per Petrum *Paris*, quam modo tenet Bartholomeus de *Ayanadié*.

Canonicus vero tenens domum seu canoniam vocatam de *Caire* de Canto, quae canonia successit in locum canoniae de Foemonratio, aliter de Cimeterio, quam modo tenet Joannes *Salvanty* canonicus, conferat per se solum unam capellaniam de majoribus, institutam pro custodia Sancti Fulcranni, quam modo tenet Petrus Carrerii presbiter.

Similique modo idem canonicus conferat per se solum unam capellaniam de minoribus primam, institutam tam per dominum Berengarium de Valauquesio, abbatem Nantensem, quam modo tenet Berengarius Vituli presbiter.

De capellaniis vero quarum collationes ad dominum episcopum et sacristam pertinent, pro nunc et ex causa sine alia declaratione remanere, cum de eis sit altercatio inter ipsos dominum episcopum et sacristam; sed facta declaratione, seu concordia inter eos, volumus et ordinamus quod, per modum additionis, in praesenti ordinatione, declaratione et statuto capellaniarum, quae ad collationem domini episcopi et sacristae pertinebunt, ordinatio nominatim, ut supra de aliis singulis canonicis est declaratum, tunc scribatur, scituetur, et collocetur, et declaretur, ne de eis, futuris temporibus, possit seu valeat quaestio aliqua suboriri.

Insuper ordinamus et statuimus quod deinceps perpetuo, toties quoties capellaniae supradictae vacabunt per mortem, cessionem vel aliam translationem beneficii, faciendi modo et forma contentis in praedicto statuto, quod incipit *intendentes* etc. et de puncto ad punctum observetur.

Aliae vero capellaniae, de quibus supra non est facta men-/
tio, tam institutae quam instituendae, conferantur modo et
forma in libro statutorum dicti Capituli contentis, in statuto
incipiente:

Anno Domini millesimo tricentesimo tricesimo primo, die
quinta mensis maii, in Capitulo Sanctae Crucis, nos Bernardus ulterius ordinamus et in perpetuum statuimus, quod
quandocumque et quotiescumque, ab inde in antea, contigerit fieri aliquam collationem dictarum capellaniarum per
aliquem nostrum, episcopi vel canonici, quod oblator hujus
modi teneatur in instrumento suae collationis per expressim
specificare:

Primo per quem seu per quod hujusmodi capellania fundata extiterit.

Item quam domum seu canoniam obtinet, seu ratione cujus canoniae hujusmodi capellaniam confert;

Et etiam nominatim per cujus mortem seu aliam quam-
cumque vacationem, hujusmodi capellaniam vacare contigerit.

Alias et alias quod de *(sic)* cui hujusmodi capellaniam
contulerit, in Capitulo non admitatur.

Caeterum etiam volumus et ordinamus, quod ad cautelam
pari modo praedicta scribantur in libro capitulari super hoc
ordinato, et quod capellanus, cui hujusmodi capellania erit
collata, infra quindecim dies a collatione, si qua facta, com-
putandos, instrumentum collationis suae hujusmodi habere
teneatur grossatum et in publicam formam redactum, quod
teneatur Capitulo praesentare pro designando in libro capitulari ad hoc ordinato; alias quousque hoc fecerit, de fructibus
sibi minime respondeatur.

Et sic praedicta omnia et singula, per nos episcopum et
Capitulum superius statuta, expressa et declarata volumus
perpetuo servari in communia, ita tamen quod per hoc non
derogetur in aliquo aliis statutis in libro statutorum Capituli
contentis, quoad alia hic in praesenti non expressa.

Et praemissa omnia et singula sic tenere, servare promittimus inter nos invicem, et juramus ad sancta Dei evangelia, nos episcopus manu supra pectus ad modum praelatorum, et nos canonici supra nominati, ut Capitulum et singulares canonici, manualiter tacta.

Acta, dicta et recitata fuerunt praedicta omnia Lodovae, in domo capitulari, die quarta mensis junii, anno ab Incarnatione Domini millesimo quadringentesimo decimo, indictione tertia, pontificatus sanctissimi in Christo patris et domini nostri, domini Joannis, divina providentia papae vigesimi tertii anno primo, regnante illustrissimo principe domino Carolo, Dei gratia Francorum rege, presentibus discretis viris Guillelmo Granerii et Prohenguesa sigillariis Lodovae, nobili Bertrando Mafredi condomino de Villacomo, magistro Bertrando Borio baccalaureo in legibus, dominis Johanne Boleti, Petri Carreriae, Ludovico Lautardi. presbiteris in Lodovensi Ecclesia beneficialis, et pluribus aliis et magistro Johanne Reynerii de Lodova clerico, apostolica authoritate nottario infrascripto.

Post praemissa vero, scilicet anno quo supra et die octava mensis augusti, noverint universi quod nos Joannes Lodovensis episcopus, et nos Guido Fabri sacrista, Guillelmus Arragonis praecentor, Jacobus de Maillaco, Privatus Baldini, Deodatus de Nogareto, Joannes Savally et Joannes de Rocosello, canonici dictae Ecclesiae Lodovensis supra nominati; convocati et congregati, ut moris est, in domo nostra capitulari, in qua Capitulum teneri consuevimus, et capitulantes pro infrascriptis pro nobis et successoribus nostris, addenda ad declarationem, retentionem et confirmationem suprascriptas, etiam statuimus, ut supra; et ordinamus quod dominus episcopus qui nunc est et qui pro tempore fuerit, solum et dumtaxat habeat et habere debeat tantummodo collationem, provisionem et omnimodam dispositionem duarum capellaniarum majorum dictae Ecclesiae, scilicet unius institutae et ordinatae per Capitulum dictae Ecclesiae, et pro servitio altaris Sancti Genesii Lodovae in choro ex parte dextra, quam capellaniam modo tenet Petrus Colradi presbiter;

Habeat etiam collationem et conferat etiam aliam capellaniam majorem, institutam pro anima quomdam Joannis Cambonis canonici. quam capellanium modo tenet Petrus Laurentii presbiter.

Similiter idem dominus episcopus conferat unam capellaniam de minoribus sic apellatam, in dicta ecclesia institutam per quomdam Bernardum Guitardy, quam modo tenet Joannes Beliny presbiter.

Sacrista vero dictae Ecclesiae Lodovensis conferat per se solum capellaniam majorem sic nuncupatam, constitutam pro anima domini Petri bonae memoriae quomdam episcopi Lodovensis, quam modo tenet Ludovicus Lautardy ex collatione sibi de eadem facta per dominum sacristam superius nominatum.

Et etiam idem sacrista per se solum conferat unam capellaniam de minoribus sic nuncupatam, institutam per Johannem Cambonys presbiterum, quam modo tenet Petrus *Combettes* presbiter.

In quorum omnium fidem et testimonium, nos episcopus et Capitulum supranominati de praemissis omnibus et singulis per notarium publicum infrascriptum petiimus et jussimus fieri publicum instrumentum, quod sigillis nostris pontificali et capitulari impendentibus, fecimus roborari ad majorem firmitatem praemissorum.

Acta fuerunt haec Lodovae, ubi supra proxime dictum est, praesentibus discretis viris Bernardo Ricardy, Petro Carrerii, Johanne Luneri, Bernardo Borio, Petro Marchy in legibus baccalaureo, Augustino Azemarii notario, Jacobo Magni Guillelmi clerico, habitatoribus Lodovae, et me Joanne Reynerii de Lodova clerico, publico apostolica authoritate notario, qui his omnibus et singulis dum, sicut praemittitur, per dominos episcopum et Capitulum agerentur et fierent, praesens fui una cum testibus praenominatis, quo die, indictione, pontificatus, (*sic*) regnante et loco quibus supra, atque requi situs et jussus per dictos dominos ea publicavi et recitavi, et in notam sumpsi et scripsi; quam in hanc formam publicam redigi feci per alium mihi fidelem, me aliis negotiis occupato, et hic me subscripsi, et signum meum consuetum, una cum appensione sigillorum dominorum episcopi et Capituli praedictorum, apposui in fidem et testimonium praemissorum.

(Chap. de Lodève R 1 fol. 335 r°)

1463 — Unio cappellaniae Aulae Episcopalis facta venerabili cappitulo Lodovae.

In Christi nomine. Amen. Anno ab Incarnatione ejusdem millesimo quadragentesimo sexagesimo tertio, et die sabbati intitulata tertia mensis decembris, hora tertiarum vel circa, illustrissimo principe domino Ludovico, Dei gratia rege Francorum christianissimo regnante, noscant omnes quod, in mei notarii publici et subscriptorum testium praesentia personaliter constituti apud civitatem Lodovae, et in Cappitulo superiori Ecclesiae cathedralis Lodovensis, et coram reverendo in Christo patre domino Armando de Rolhano, Dei Sanctaeque Sedis Apostolicae gratia abbate devoti monasterii Sancti Petri de Joncellis, ordinis Sancti Benedicti Biterrensis diocesis, et egregio viro domino Jacobo Capriero in decretis litentiato, officiali et canonico Lodovensi, videlicet venerabiles et egregii viri domini Joannes *Dorthies*, in decretis licentiatus, praecentor, et Robertus Maurelli in legibus baccalaureus, canonici et decani ejusdem Ecclesiae cathedralis, vice et nomine totius Cappituli dictae Ecclesiae, praesentaverunt reverenter ad fines exequendi quasdam litteras appostolicas, in pergameno scriptas, non viciatas, non cancelatas, nec in aliqua sui parte suspectas, sed prorsus omni vitio et suspicione carentes, plumbatas more Romanae Curiae cum cordulis canapis impendentibus, quarum literarum tenor talis est:

Pius episcopus, servus servorum Dei, dilectis filiis, etc.

Quarum literarum praeinsertarum virtute, praenominati canonici et decani, nomine ante dicto, instantia quanta potuerunt, requisiverunt et humiliter supplicaverunt quatenus ad contenta in literis apostolicis praeinsertis procedere dignentur, juxta mandatam eis formam, necnon eisdem assignare competenter diem, locum, coram et horam ad verificanda contenta in dictis literis apostolicis etc.

Dicti domini abbas et officialis judices apostolici memorati, dictas literas apostolicas reverenter recipientes, ut obedientiae filii, ipsis prius ibidem de verbo ad verbum jussu eorumdem per me notarium infrascriptum praelectis, praesto et parati se obtulerunt ad contenta in eis procedere, dum et quando eis constabit de contentis in dictis literis apostolicis, assignando eisdem sic volentibus et fieri petentibus, hinc ad unam horam ad verificandas dictas literas apostolicas et induci quandocumque coram et in loco praedicto.

Et ibidem paulisper dominus Bernardus Guiraudoni presbyter, bajulusque et syndicus, viceque et nomine totius dicti venerabilis Cappituli, ibidem existens, retulit fecisse diligentiam in et super praemissis:
Et pro justificatione contentorum in literis apostolicis praeincertis, produxit ibidem in testes per dictum verbum interim providos et discretos viros dominos Guiraudum Roqueti, Guillermum Rasolis, Petrum Ferrenti, Fulcrannum Glorie, Antonium Roberti et Antonium *Peyrotas* presbyteros Lodovae, ad praesentes diem, locum, coram, horam et actus in testes, mandato praefatorum dominorum abbatis et officialis, judicum apostolicorum, per dominum Guillermum Romandi presbyterum Lodovae ibidem praesentem citatos, a quo petiit relationem haberi,
Qui quidem dominus Guillelmus Romandi ibidem praesens retulit se dictam fecisse citationem.
Quos bajulus et syndicus praefatus produxit, ipsosque pe-

tiit recipi, audiri et diligenter examinari de et super contentis in dictis literis apostolicis, si compareant; si vero non
compareant, petiit non comparentes reputari contumaces et
poni in contumacia ex defectu: et in eorum contumacia literas
a dictis dominis judicibus opportunas ad compellendum
eosdem sibi concedi.

Et vocatis ibidem paulisper per me notarium, processus-
que hujusmodi apostolici scribam infrascriptum, dictaeque
partis producentis requestam, ad dictamen dominorum prae-
sidentium, jussum dictis vicissim testibus, comparuerunt
ibidem praenominati domini Guiraudus Roqueti, Guillermus
Rasolis, Petrus Ferrenti, Fulcrannus Glorie, Antonius Roberti, et Antonius *Peyrotas*, qui fuerunt per eosdem dominos
abbatem et officialem, judices apostolicos, in testes recepti
more testium in causis recipiendis; et ad ipsorum dominorum
judicum apostolicorum jussum juraverunt ibidem, unus post
alium, ad et supra sancta Dei evangelia, a quolibet ipsorum
manualiter tacta, puram et meram, quam sciverint et noverint de et super contentis in literis apostolicis praeinsertis,
et aliis super quibus interrogabuntur ac etiam super toto
hujusmodi negotio, dicere et deponere veritatem; et deposue-
runt, prout in singulis eorum depositionibus inferius vicissim conscriptis cavetur etc.

Ibidem presens et personaliter constitutus, dominus Petrus
Borbojaci, presbyter Lodovensis et capellanus capellaniae Aulae episcopalis Lodovae vulgariter nuncupatae, in literis apostolicis principaliter nominatus, tam ex certis causis in eisdem
literis contentis quam aliis rationabilibus animum suum moven-
tibus, ut dixit, et ad finem et effectum in eisdem literis apostolicis
contentis, ac reservata sibi pensione decem et octo scutorum
auri, in regno Franciae cursum habentium, super fructibus mensae capitularis dicti Capituli, dictam suam capellaniam Aulae
episcopalis sponte et libere, in manibus dictorum dominorum
abbatis et officialis, judicum apostolicorum, resignavit cum
omnibus juribus et pertinentiis suis.

Quam quidem resignationem praefati judices apostolici

hac vice tantum authoritate qua supra admiserunt, recepto prius per eosdem ab eisdem dominis canonicis et Petro Borbojaci juramento, per eorum quemlibet in manibus eorumdem dominorum judicum apostolicorum praestito, quod in hujusmodi resignatione non intervenit nec interveniet fraus, dolus, simonia, labes seu quaevis alia illicita pactio seu corruptela.

Qua quidem resignatione, sicut praemittitur, facta et admissa, eamdem capellaniam cum omnibus et singulis juribus et pertinentiis suis universis, per dictam resignationem aut alias per quemcumque alium modum in praefatis literis apostolicis expressum vacantem, dederunt authoritate apostolica praedicta et contulerunt dicto domino Roberto Maurelli. condecano praedicto, hic praesenti viceque et nomine totius dicti Capituli recipienti et acceptanti, ipsumque, nomine quo supra. in possessionem realem et corporalem ejusdem capellaniae, juriumque et pertinentiarum suarum posuerunt, et induxerunt et investiverunt, per traditionem dictarum literarum apostolicarum, quas tenebat prae manibus, sibi de eisdem realiter factam;

Ita quod liceat amodo Capitulo seu eidem domino condecano, ejusdem nomine, per se vel alium seu alios, corporalem possessionem dictae capellaniae juriumque et pertinentiarum suarum, authoritate propria, libere apprehendere et retinere, et fructus, reditus et proventus capellaniae hujusmodi exigere et levare, ac in ipsius Capituli usus et utilitatem convertere, alicujus super hoc licentia minime requisita.

Quam quidem resignationem, admissionem et deinde collationem et alia de hujusmodi capellania modo praemisso facta, dictus bajulus et syndicus ejusdem Capituli pro justificatione contentorum in dictis literis apostolicis pariter in hujusmodi causa produxit.

Quibus peractis praefati domini judices apostolici ac commissarii dictos testes, ut praeest, productos, receptos et juratos virtute juramentorum per eos, ut praefatur, superius

praestitorum, ibidem praesentialiter audierunt et examina-
verunt.

Primo omnium dominus Guiraudus Roqueti, presbyter in
dicta ecclesia beneficiatus, aetatis quadraginta annorum vel
circa, memoriae vero triginta vel circa, testis, ut praefertur,
citatus, productus, receptus et juratus:

Interrogatus per dictos dominos officialem et abbatem,
judices apostolicos, si reditus et proventus mensae capitularis Lodovensis annuatim ascendunt ad summam mille librarum turonensium, dixit et suo juramento deposuit se scire
et verum esse, quod revera fructus, reditus et proventus annui dicti Capituli non ascendunt summam mille librarum
turonensium; reddens causam suae scientiae, quia ipse loquens testis vidit pluries et audivit, quando bajuli de Capitulo reddebant eorum compotum de administratione, et nunquam vidit quod secundum conclusionem compotorum eorumdem ascenderet dictam summam mille librarum.

Interrogatus si dicta capellania est sine cura, dixit quod
sic, et recipit fructus ejusdem in parrochia Sancti Felicis
plani Lodovesii.

Interrogatus si fructus annui dictae capellaniae ascendunt
summam viginti quatuor librarum, dixit se audivisse a domino Petro Borbojaci, qui fuit capellanus hujus capellaniae
longo tempore, dixit quod non.

Interrogatus si reditus et emolumenta universa dicti Capituli suppetunt ad distributiones quotidianas ejusdem, dixit
quod non, quia cum ipse testis loquens sit beneficiatus dictae Ecclesiae, vidit fere singulis annis quod ipse et alii
beneficiati ejusdem in eorum distributionibus quotidianis
satisfacti non fuerunt, neque sunt, quia fructus capitulares
ejusdem ad solutionem eorundem non suppetunt.

Interrogatus si prece, pretio, gratia, ira, odio, amore,
timore, favore, rancore, amicitia vel inimicitia, praedicta
deposuit, dixit quod non.

Interrogatus si fuit doctus, instructus, rogatus, subornatus
auro vel argento, vel alia de causa corruptus, vel si fuit ali-

quid sibi datum, quitatum, promissum, cessum vel remissum ut ita responderet, dixit quod non.

Nous croyons inutile de donner les réponses des autres témoins qui sont pareilles aux réponses ci-dessus.

Quibus testibus auditis, syndicus dicti Capituli memoratus cum dictis dominis judicibus apostolicis depositionibus testium praescriptorum constet legitime de contentis in ipsis literis apostolicis memoratis, petiit et humiliter supplicavit eisdem, quatenus dictam capellaniam sine cura, tamquam extra curam (= Curiam) Romanam vacantem per liberam resignationem supra per dictum dominum Petrum Borbojaci, tunc capellanum ejusdem, dicto Capitulo, ut pracest, factam, cum omnibus juribus et pertinentiis suis mensae capitulari Lodovensi unire perpetuo, incorporare et annexare, authoritate apostolica supra dicta et juxta mentem, formam et continentiam dicti rescripti apostolici. dignentur.

Et dicti domini abbas et officialis, judices apostolici praefati, visis, auditis et intellectis omnibus et singulis supra scriptis, scilicet praedictis requisitis, necnon tenoribus literarum apostolicarum praeinsertarum, praedictorumque'testium depositionibus, quarum tenore eis constat de verificatione dicti rescripti apostolici et circumstantiis ejusdem, ob id et ambo simul dictam capellaniam, tanquam sine cura, extra Romanam Curiam vacantem, per liberam resignationem ante dictam vel alias cum omnibus juribus et pertinentiis suis. mensae capitulari unierunt perpetuo, incorporaverunt et annexaverunt authoritate apostolica supra dicta, et juxta formam, mentem et continentiam dicti rescripti apostolici; dictumque dicti Capituli syndicum et procuratorem, in possessionem realem et corporalem dictaeque capellaniae jurium et pertinentiarum suarum posuerunt realiter et de facto induxerunt, authoritate apostolica supra dicta, per traditionem dicti rescripti apostolici.

Et nichilominus eidem domino Petro Borbójaci, ne ex dicta resignatione nimium patiatur dispendium, de voluntate et

expresso consensu dictorum dominorum Joannis *Corties* prae-
centoris et Roberti Maurelli, supra dictae Ecclesiae Lodovensis canonicorum, Capitulum Lodovense facientium et ibidem
praesentium, super fructibus, reditibus, proventibus et emolumentis dictae mensae capitularis annuam pensionem decem
et octo scutorum auri in regno Franciae cursum habentium
in civitate Lodovae, et pro medietate beati Joannis Baptis-
tae, et alia hujusmodi pensionis medietate in Domini Nostri
Jesu Christi Nativitatis festivitatibus, annis singulis, eidem
domino Petro Borbojaci, quoad vixerit, vel procuratori suo
ad hoc potestatem habenti, debite et integre per dictum Capitulum persolvendam constituerunt, ambo simul dicti domini judices apostolici authoritate qua supra reservaverunt et
assignaverunt, praesentium per tenorem, et juxta mentem,
formam et continentiam dicti rescripti apostolici.

De quibus omnibus et singulis supradictis dictus syndicus
et procurator petiit sibi et dicto Capitulo, cujus vices gerit,
fieri publicum instrumentum per me notarium infrascripjum.

Acta fuerunt haec Lodovae, ubi supra, in dicto Capitulo
superiori, sedentibus ibidem dictis dominis abbate et officiali, judicibus apostolicis praefatis pro tribunali more majorum, praesentibus venerabilibus viris testibus superius conscriptis, nec non dominis Gaucelmo Coleti monacho dicti monasterii de Juncellis, Guiraudo Cambonini priore de Rocozello Bitterrensis diocesis, Jacobo Andree, Guillermo Romandi,
praesbiteris in dicta Ecclesia Lodovensi beneficialis, testibus
ad praemissa vocatis, et me Stephano de Cossergiis, publico
de Lobova domiciliario authoritatibus apostolica et episcopali
notario, qui de praemissis instrumentum in notam recepi et
scripsi memoratus.

(Chap. de Lodève R. II, fol. 294 v°).